愛・お金・仕事

人生が一瞬で“リッチ・モード”に変わる本

Love, Money & work
Your life will instantly change into the "rich mode"

心理カウンセラー・コーチ
高橋ナナ

大和出版

豊かさは、「豊かな心」から創られる――はじめに

こんにちは！　高橋ナナです。

私は普段、女性が本当の輝きを放ちながら幸せに生きていくための講座を開催したり、ブログでその方法などについて発信しています。

どの講座を開催しても、みなさんの関心が大きいのは「お金」について！

「もっと豊かになりたい！」「リッチな人生を送りたい！」と願うたくさんの女性から、

「どうすればお金持ちになれますか？」

「どうすれば好きなときに、やりたいことができる経済力を持つことができますか？」

「どうすればお金のブロックが外れますか？」

などなど、「お金」という形の豊かさについて、ありとあらゆるご質問をいただい

てきました。


ここで、私自身のことを少しご紹介させていただきたいと思います。

私は何億円もの資産を持っているわけではありません。

持ち家も持っていませんし、ベンツにも乗っていません。

だから、「お金やものをどれだけ所有しているか」が豊さの基準になっている人は、「なぜあなたが『リッチ』についての本を書くの?」と不思議に思うかもしれません。

私は、莫大な資産やベンツこそ所有していませんが、それでも、お金のことなどまったく気にせずに、やりたいことを片っ端からやり、家族やあたたかい人たちに囲まれながら、好きな場所に住み、好きなときに、好きなところへ行って、好きなものを好きなだけ買える、ひたすら自由な生活を送っています。


私は幼い頃、父の会社が倒産したことにより、金銭的には豊かでない家庭に育ちました。

そして、幼い頃に持った「うちは貧乏だ」「自分は貧乏だ」というセルフイメージの通り、親元を離れて上京したあとも、毎月携帯電話が止まるような生活をしていました。

　でも、そうであるからこそ、「どうしたら豊かな生活ができるのか？」「どうすればお金持ちになれるのか？」について、かれこれ20年、考え、研究し、実験してきたのです。

　ここ7年ほどはさらに拍車がかかり、「豊かさ」と、この世の「お金のしくみ」をさらに追求するために、高級なブランドものを手に入れてみたり、貯金が３０００円しかないのに突然、それまでの家賃の3倍もする家に引っ越してみたり、ハワイに別荘の権利を買ってみたりなどなど、今までお金や豊かさについて自分が学んできたことを検証するべく、身銭を切って実験を繰り返してきました。

　その甲斐（？）あってか現在は、毎日、「本当に豊かだな〜」「本当にありがたいな〜」と思わずにいられない、私にとっての「リッチ」な生活を送ることができています。

　20年の研究の結果、わかったのは、**「豊かさは、豊かさがないと創れない」**ということ。

　簡単に言うと、豊かな現実を体験したければ、まず先に「豊かな心」が必要なので

す。

詳しいことは本文に譲りますが、私のところに来てくださるたくさんの生徒さんのお話を聞いていて私がいつも感じているのは、多くの人が、「お金」を自分の人生を決める指針にしているということです。

「稼げるならこの仕事をする」「やりたいことがあるけれど、お金のことが心配でできない」などなど……。

そんなお話を聞くたびに、

・お金は、人生を楽しむ道具であって、お金のために人生があるのではない。

・お金を指針に人生を決めるから、どんどんお金という豊かさから遠ざかっていく。

そう感じています。

なぜなら、本当の豊かさとは、「『お金』や『もの』をどれだけ所有しているか？」とは、実はあまり関係ないからです。

この本は、最後までお読みいただくことで、「豊かになるためにはどうしたらいい？」ということだけではなく、「私はもうとっくに豊かだった」と自覚していただだけるように書きました。

なぜなら、「自分がすでに豊かだった」と自覚することで、ようやく「豊かな現実」が、あなたの目の前に出現するからです。

この本の中には、あなたにとって多少耳の痛い言葉もあるかもしれません。

ですが、耳が痛いということは、自分の中にその観念がある、その癖があるという、明らかな証拠。心がざわざわするところほど、今のあなたにとって必要な言葉だということを認識していただけたら嬉しいです！

それでは、準備はＯＫですか？

あなたにふさわしい「豊かな現実」が次々に起こりはじめますように！

高橋ナナ

豊かさは、「豊かな心」から創られる　はじめに

プロローグ
「豊かさ」への考え方がガラッと変わった出来事

第1章 リッチな〝愛〟

――求めるだけではなく、与えるからこそ、循環する

第4章 リッチな〝人間関係〟

――純度の高い付き合いが、あなたの存在を高める

第5章

リッチな〝人生〟

――好きなことだけをして、パワフルに生きる

プロローグ

「豊かさ」への考え方が
ガラッと変わった出来事

01

固定概念がぶっ壊された
――インドを旅して私が得たこと①

これは6年前、私がマザー・テレサの施設でボランティアをさせていただくために、単身インドに渡り、コルカタという街で生活していたときの話です。

私がボランティアをしていた施設のひとつは、スラム街が隣接していました。そこには、木や竹とビニールの布でできた家が、所狭しと乱立していたのです。

日本から到着したばかりで、しかも「スラム街」というものを生まれて初めて見た私。「こんな暑い国で、こんな粗末な家に住んでるなんて、さぞかし大変な思いをしてるだろう」と、そこに住んでる人たちを気の毒に、そしてかわいそうに思いながらスラム街のそばの道を歩き、施設に向かおうとしていました。

そのときのインドは45度を超える暑さが続いている時期でした。

すると、そのスラムの中から小さな子供たちがワーーーっと走り出してきて、すれ違いざまに、私の腕をいたずらでつねってきたり、腕にぶらさがってきたりして、めっちゃ楽しそうに笑っているではありませんか！

汚れたボロボロの服を着て、靴も履いてないけど、みんな元気いっぱいです。

そして、それを見守るお母さんたちもニコニコ笑っています。

「あれ？　あれれーーーー！？」

私はキツネにつままれたような、そして、頭をガツンと殴られたような衝撃を感じました。

だって、どう見ても、この人たちはとても貧しい生活をしている。

靴も履いてないし、こんなビニールの家に住んでる。

だけどだけど!!

めっちゃ元気やないか!!

そして陽気!!
ここで私の固定概念がひとつ、一瞬で消滅しました。

物質的に貧しい生活＝不幸

はい、これ、ウソーーーーーーーーー!!

別の小さな町に移動したときも同じように感じました。

仏陀が悟りを開いた、ブッダガヤという小さな町に行ったとき、ホテルの周りに一番カーストの低い人たちが住んでいる集落がありましたが、ここでもみ〜んなとっても元気で、いい笑顔をしていました。

小さい子供が、もっと小さい子供たちの面倒をよく見て、大人も子供も、そして犬や牛も、みんなで協力し合いながら生活をしている感じで、とても胸が温かくなったのを覚えています。

02 「死を待つ人の家」で出会った人たち
――インドを旅して私が得たこと②

私がボランティアとして主に働いていた施設は、「ニルマル・ヒルダイ」。通称、「死を待つ人の家」です。

ここは、結核・肝炎・脳膜炎・マラリア・ハンディキャップなどを持っている人、そのほかに、火傷、怪我、脳内のトラブルであろうと思われる麻痺、認知症、栄養失調、ＨＩＶなどで瀕死の患者さんが、１００名くらいいる施設です。

インドでは、貧しくて医者にかかることのできないカーストの低い人の場合、これらの大病を患うと、病人を養う余裕がないし、感染の可能性もあるため、その家族によって、路上に捨てられることになってしまうのだそうです。

そのもっとも貧しくて傷ついた人が、「せめて死ぬときくらい人間らしく死ねるように」と思い立って、マザー・テレサが初めて作ったのがこの施設です。

本来「清い心」という意味の「ニルマル・ヒルダイ」が、なんで「死を待つ人の家」なんてネガティブな命名をされたかというと、そこに収容されているほぼすべての人が、文字通り、「死ぬのを待つばかり」という状態の人間だから。

実際にここは、施設の中心にモルグ（死体安置所）があるくらい、「死」が身近にある場所でした。


シスターやボランティアに見守られながら最期をここで過ごし、天国に帰った人のご遺体がモルグから火葬場に運ばれていくのを、私も幾度となく目にしました。

マザーの施設の中でも一番重病であったり、瀕死の状態の方が多い場所であるため、医療や介護の知識がある人や、少しでも英語を話せる人が重宝されるとのこと。

少し勇気はいりましたが、ケアワーカーとして特別養護老人ホームで働いていた経験がある私は、この施設で働くことを希望したのでした。


私は患者さんのバイタルチェック（体温や血圧を計る）や食事や投薬の介助、怪我の処置、お風呂のお手伝い、そして、洗濯や皿洗いなどのお手伝いをしていました。

ここにいらっしゃる方々が、恵まれた日本で生まれた私には想像もできないくらい、どれだけ壮絶な人生を歩んで来られたのかは、痩せ細り、傷だらけになっているその体を見ればわかります。

最初のうちは、患者さんたちが気の毒でなりませんでした。

私が日本で綺麗な服を着て、清潔な場所で美味しいもの食べ、恋をしたり、夢を追いかけたりしている間、ここにいる方々は灼熱の路上に体を横たえ、誰にも見向きもされずに、どんな思いで過ごしていたんだろう……。

患者さんたちの体をさすったり、食事をスプーンで口に運びながら、「今まで大変でしたね。ここにいる間は、どうぞ安心して、のんびり過ごしてくださいね」という想いが溢れてきます。

しかしボランティア生活も一週間を過ぎる頃には、患者さんおひとりおひとりの個性もだんだんわかってくるものです。

ここにいる患者さんはベンガル語を話すので、英語はまったく通じませんでしたが、ジェスチャーや、私が覚えたほんの少しのベンガル語で意思の疎通ができるようになっていました。

朝施設に出勤（？）し、仕事をはじめる前に、患者さんのベッドが並んでいる場所へ行き、仲良くなった患者さんにおはようのご挨拶をしようとすると、「今日もよく来てくれたね！　ありがとう！」とでも言わんばかりに、両手を合わせ、嬉しそうな表情を浮かべ、握った手に何度もキスをしてくれます。

そして、仕事が終わり帰るとき、また会いに行くと、ギューーーーッとハグしてくれます。

「また明日も来てね」

言葉を交わさなくても、その気持ちがとても伝わってきます。

ある日、痩せ細っていて、怪我を負った若い女性の処置をシスターから任されたことがありました。

その女性は、膝の下から足の先まで、グルグルに包帯が巻かれており、その包帯には血が滲んでいます。

彼女がどうしてこんな怪我をしたのか知る由もありませんでしたが、こんなひどい怪我のまま道端に放置されて、私なら多分、自分はなんて不運で、不幸な人間なんだろうと悲しみに浸っていたと思います。

そして自分を恨み、神を恨み、世界を恨み、人を恨み、完全に自暴自棄になることでしょう。

こんなに辛いのなら死んだほうがマシ！

なんとかして自殺することはできないか？

と日々考え続けると思います。

でも彼女は、「ＯＫ！ 処置が終わったよ」と言う私に、少し辛そうな顔をしながらも、寝たままでありますが、お辞儀をし両手を合わせて、穏やかな笑顔を見せてくれました。

そして私の聞き間違えでなければ、私の目をしっかり見ながら、優しく「シャンティ」と何度も言っていました。

「ん？　シャンティってなんだろう？」と思い、あとから調べてみると、シャンティとは、インドのサンスクリット語で、**「平安・平和・静寂」**の意味だとわかりました。

この言葉は3回唱える祈りの言葉らしく、1回目のシャンティは、自分自身に向けて、2回目のシャンティは、周りの人たちや今いる空間に向けて、そして3回目のシャンティは、世界や地球、大自然、宇宙に向けて唱えるものなのだそうです。

唱えると、その音の響きが唱える人の心や体を穏やかにし、さらにはその影響が周りの人や空間にも広がっていくのだそうです。

その意味を知り、びっくりしました。

自分が辛い状況にあるとき、「神様、どうか助けてください」と加護を乞うなら私にもわかります。そして私ならきっと、自分のことでいっぱいいっぱいです。

でも彼女は、自分のほかにも、私やその場所、そして、自分をそんな目にあわせている大自然に対しても、よりよい場所であるようにと祈っているのです。

こんな状況で、周りのことまで考えられるとは、なんて心の豊かな人だろう。

私はこんな豊かな人たちに対して、失礼極まりない上から目線で「かわいそう」などと蔑み、憐れみを持った自分の心の貧しさが恥ずかしくなりました。

同時に、「豊かな心があれば、豊かな現実が現れるはずなのに、彼女の生活はなぜこんなに貧しいの？」という疑問が湧いたのです。


そこで私はハッと気づきました。

私が勝手な偏見で彼女の生活を「貧しい」とジャッジしているだけのことで、彼女自身は「自分は貧しい」と感じていないかもしれない。むしろ今、マザーの施設に入ることができたことが、彼女にとっては「豊かな現実」なのかもしれない。


物質的に恵まれた生活をしていることだけが「豊か」なの？

物質的に恵まれていない生活をしていたら本当に「貧しい」の？


少なくとも彼女は、「不幸」には見えませんでした。

このとき、自分の中にあった「豊かさ」の基準、それと同時に「貧しさ」の基準も、ガラガラと音を立てて崩れていったのです。

03

日本ってこんなに素晴らしい
――インドを旅して私が得たこと③

すべてがありえない国・インクレディボー・インディアに固定概念を破壊され続け、3ヶ月ぶりに帰国した私は不覚にも、**自分が今まで信じてきたものはすべて、この「自分」という存在でさえも、ただの思い込みにすぎない**ということを悟ってしまっていました。

それと同時に、当たり前すぎて、意識すらしたこともなかった、この日本という国の安全さ、清潔さ、快適さ、人々の勤勉さが、実は奇跡的な領域にあることを初めて知りました。

そのせいで、

「私は今まで、こんなに整った素晴らしい国にいながら、こんなに素晴らしい人たちに囲まれ、一体何を悩んでいたんだろう？」

「何に文句言っていたのだろう？」

と、日本にいたときに自分がなぜあんなに腹を立てていたかなど、もう思い出せなくなっていました。

日本にいるときの私は、電車が少し遅れているだけでイラッとしていました。日本の電車は親切で、ダイヤに乱れが出ると必ず、どんな理由で電車が遅れていて、何分くらいの遅れが出ているということをきちんと説明してくれます。

それにもかかわらず、私はムカついていたんですね。

「ちょっと！　急いでんだから勘弁してよ！」

「遅れると電車がすごい混んじゃうじゃん！　あー、うっとーしい！」

って。

東京という都会に住んでいるからか、私がせっかちだからか、それともその両方かわかりませんが、いつも心にゆとりがなかった気がします。

インドはというと、例えば朝8時に出る予定の列車が深夜0時を回り、夜中の2時とかに到着するようなアバウトな国。

そして遅れるのが当たり前だったりします。

しかも、日本では電車に行き先が書いてありますよね？渋谷行きとか、新宿行きとか、新幹線なら博多行きとか。

インドの列車は、どこ行きだとか車両には全然書いてないし、もちろん、どんな理由でどれくらい遅れてるかなんてアナウンスはありません。

わからないから調べようにも、電光掲示板の情報とスタッフの情報が全然違うし、しかもそのスタッフもみんな違うことを言ったりします。

だから5人以上に聞いて回って、一番近い答えを予測するしかありませんでした。

私はインドで12時間遅れた列車を待ったことがあります。

いつ頃に到着するかなど、一切アナウンスがなかったので、駅の外に出るわけにもいかず、ただひたすら待ち続けるしかありませんでした。

10時間以上の間、電光掲示板でその列車が3番ホームから出ると書いてあるので、乗り遅れないように、1メートル四方にハエが100匹くらいいるホームで成す術もなく待機していました。なのに、乗るはずの列車が到着する本当に直前に、いきなり

6番ホームに変わりました。

それはさすがに聞き取りづらい英語でアナウンスがありましたが、それまで、その列車に乗るために、もともとの発車時間まで13時間、さらに列車の遅れによって12時間、計25時間も待っているので、絶対に乗り遅れるわけにはいかない！

「3番線から6番線のホームに渡る」という、たったそれだけのことでも、20キロのバックパックを背中に背負い、階段を上って、初詣の明治神宮くらいたくさんの人がいる中、混みすぎて殴りあいが起こっているような連絡通路を渡って行かなければいけませんでした。

結局、朝5時に来るはずの列車が到着したのは夕方の5時。

汗だくになりながら、ギリギリ列車に乗り込めましたが、「この列車が果たして本当に、私が行きたい場所に到着するのだろうか？」と不安だったのを覚えています。

日本で、「この電車は果たして本当に新宿に到着するのだろうか？」なんて心配することはまずありません。

帰国した私は、そんな心配をしなくていいことすら、ありがたくてありがたくて仕方がありませんでした。

日本って、なんて素晴らしい国なんだろう！

この国のことが本当に誇らしいし、この国に生まれた私はなんてラッキーな人間なんだろう。

帰国し、何を見てもありがたく、すべてに手を合わせたくなるような、ハッピーな気分で過ごしていたある日、何気なく観ていた夕方のニュースから、耳を疑うような言葉が流れました。

「日本では、自殺者が12年連続、3万人を超えています」

私はまたもや頭をガツンと殴られたような、強い衝撃を受けました。

04 「心の飢え」について考えた ―― インドを旅して私が得たこと④

物質的にこんなに恵まれている、今の日本。

デパートに行けば綺麗で清潔なお店の中、素敵なディスプレイをされたものたちがキラキラと溢れかえっています。

水道から出る水を飲んだって入院しなくてすむし、お店で売っているものを食べたってお腹を壊しません。

電車はちゃんと来るし、買いものをするときもぼったくられたりしません。

バスに窓はついているし、シャワーからは一発でドンピシャな温度のお湯が出るし、毎日停電するなんてこともありません。


インドではどんな豪邸でも、毎日停電して、何時間も電気が使えないなんてことが普通にあります。

その日本で、毎年3万人以上が自殺してる？

こんないい国で、なんで!?

私は不思議でなりませんでした。

内閣府の調べによると、近年（ここ4年ほど）は減少傾向にあり、3万人を超えることはないようですが、それでもまだ、2万人以上の人が自ら命を絶っています。

ねぇねぇ神様。

ものが溢れ、蛇口をひねっただけで綺麗な水が出てくるこの恵まれた日本で、自殺するほど人が追い込まれるのはなんでなの？

ほしいものを手に入れて、豊かな生活ができれば幸せになれるんじゃないの？

お金をたくさん稼いだらハッピーな生活ができるから、みんな一生懸命働いて、頑張ってるんじゃないの？

それなのにどうして、自由に職業だって選べる、すでに恵まれたこの日本で、こんなにたくさんの人が「もう生きていたくない」って思うの？

煌《きら》びやかな生活……とまではいかなくても、たくさんの物質やお金が人をハッピーにしてくれるのなら、今の日本人はみんなハッピーなはずです。

私は自殺が悪いとは思っていません。
ただものすごくもったいないと思うのです。
いろんなものを見たり、聞いたり、味わったり、誰かの温かさを感じたり、笑顔を交わしたりできる、お金を何兆円積んでも買うことができないこの肉体を、自ら捨てるのはなぜなのでしょう。

そんなことを考えているとき、大好きなマザー・テレサが日本に来たときに話したという内容を思い出しました。
それは、「飢え」というのは、食べものがないということだけではなく、「愛」に飢えるのも「飢え」である、という話です。

日本のような物質的に豊かな国でも、愛に飢えている人、人間の愛とはどういうものかを忘れてしまった人たちがたくさんいると語るマザー。

家庭や、隣近所の人々など、身近な人が寂しい思いをしているかもしれない……これをマザーは「飢え」だとおっしゃいます。

誰からも必要とされず、誰からも愛されていないという心の貧しさ。

物質的な貧しさに比べて、心の貧しさというものはさらに深刻なものがあり、心の貧しさこそ、一切れのパンの飢えよりも、もっともっと貧しい。

そして、世界には、物質的に飢えている国と、精神的に飢えている国があると、マザーは話しました。


日本から、インドにあるマザー・テレサの孤児の家にボランティアに行った日本人の方が、自分が担当していた子供がとても可愛くて、自分の子供として日本に連れて帰りたいと申し出たとき、

「日本は貧しい国だから、私たちのこの可愛い子供をあなたにあげることはできない」

とマザーが冗談っぽくおっしゃったというエピソードも聞いたことがあります。

確かに、食べものの飢えなら、一切れのパンが満たしてくれるでしょう。

ですが、愛されていない、自分が自分を価値ある存在だと自覚できない心の飢えは、お金やものでは満たされません。


インドでビニールの家に住んでいる人たちの生活はとても質素なものでした。

ですが、幸せそうでした。

一方で富も地位も名誉も手にしているアメリカのセレブが、お酒やドラッグに溺れて、更生施設に出たり入ったりを繰り返しています。


ここで、私の中にまだ残っていた固定概念、

物質的に豊かな生活＝幸せ

が完全に崩壊しました。

物質的な豊かさや、お金が人を幸せにするわけではない。どれだけ一般的に言う「リッチ」になったとしても、幸せであるとは限らない。

実際に、インドのスラムに住んでいる男性の幸福度が、平均的なアメリカ人と変わらないということが、ある最新の統計によってわかっています。

05 「本当のリッチ」って何？

たくさんの人が、もっと豊かな生活を目指し、もしくは、今ある豊かさを維持するために、日々、頑張っています。

でも、物質的、経済的豊かさを手に入れたその先に、「幸せ」があるとは限らないのです。

むしろ、私の目には、物質的、経済的豊かさを手に入れるために、今、目の前にある幸せをどんどんすり減らしているようにも見えます。

そんなことを続けていれば、その豊かな生活が手に入る頃には、心や体がボロボロということになりかねません。

「リッチ」という言葉を調べると、

裕福で贅沢《ぜいたく》なさま。

豊かで味わい深いさま。

と出てきます。


多くの人は「リッチ」という言葉を、物質的、経済的なものだととらえると思いますが、私はどうしても、それだけが「リッチ」だとは思えないのです。


どこにでも行けるお金があるけれど、心や体が疲れ果てている。

高級で美味しいものを食べることができるけれど、それを分かち合う、心から安心できる仲間がいない。

今あるものや財産、地位や名誉を失いやしないかと、いつも恐れがある……もしこれがリッチなのだとしたら、それを手に入れたいという人はいないでしょう。

お金は豊かさだけど、豊かさとはお金ではない。

お金は豊かさのほんの一部ではあるけれど、豊かさそのものではないと思うのです。

「リッチ」とは、物質的、経済的なことだけではなく、心の状態のことを示す言葉だと、私は思います。

何かをたくさん所有していることだけが豊かさではなく、何かを与えることやシェアすることも大切だということを知っている心が豊かさだと思います。

お金を死ぬほど持っているのに、他人にビタ一文おごらないお金持ちを、私は豊かな人だとは思いません。

そして何よりも、今ないものではなく、今あるものに豊かさを感じることができる心や感性のことだと思うのです。

そして、そういう豊かな心を持ち、満たされている人は結局、豊かで満たされた現実を体験し続けるのです。

06

あなたは、もうすでに豊かです

現代の多くの人は、物質的、経済的な所有の量を、「豊かさ」の基準にしています。
そして、誰かと比べて、あるものではなく、ないものばかりにフォーカスしては、欠乏感や劣等感に苛まれていくのです。
そして、ないものを埋め続けることに人生を使っていきます。

今、この時代の日本に生まれたということだけでも、私たちはとても豊か。

私は本気で思います。

これは、決して「今あるもので満足しなさいよ」という話ではなく、今ある恩恵にさえ気づけない貧しい心でいれば、本当の意味で豊かになるのは無理だという話です。

現代の日本は、空から爆弾が落ちてくることを心配しなくてもいいし、建設するのに何十億円かかるかわからないような地下鉄にたった数百円で乗ることができます。日本の歴史は本当に戦いばかりで悲惨な時代が長かったから、平和に、普通に生きるのが可能になったのは、ここ最近、たった70年前くらいのことです。

私たちは本当にいい時代にピンポイントで、この日本に生まれたのです。

もし生まれる時代がズレていたら、今みたいに好きなことなんてできませんでした。旦那さんや、下手すれば子供まで戦争に駆り出されて、自分自身も空襲に怯えていたでしょうし、食べていくのもやっとだったと思います。

たった70年前の日本は、食べものがなく、経済的にもみんな貧しかったのです。1949年から1971年までは、1ドル＝360円という時代でしたから、海外旅行なんて一般人が簡単にできるものではありませんでした。

そしてこれは、私の旦那さんに聞いた話です。

彼は以前、医療機器のメーカーに勤務して、補助人工心臓を取り扱っていました。

あなたは補助人工心臓の値段を知っていますか?

彼が働いていた頃の値段で、1,200万円だったそうです。

彼が直接担当していたのは、埋め込み式ではなく、体外式の補助人工心臓。それは、ひとつ300万円で、毎月取り替えなければならないとのこと。

この補助人工心臓は電気によって動いているので、電気がなくなるということは、すなわち、100%死を意味するのだそうです。


私は補助人工心臓を使わなくていい肉体を持ったので、そのお金を払っていません。無料で心臓を使わせていただいています。

そして私の心臓は、命が原動力を供給して動かしているので、電気が切れることもないし、メンテも必要ありません。

同じように、脳も腎臓も子宮も目も足も、毎日、毎瞬タダで使わせてもらってます。

本当にありがたいことです。

今、実際に補助人工心臓を使っている人の周囲でも、電気が供給されないなんてことはありえないでしょう。

たくさんの人達の努力や研究によって、電気を供給し続けるシステムがしっかり整っていると思います。


また、私がまだ結婚したての頃、家に乾燥機がなかったので、雨の日が続くときは近くのコインランドリーに洗濯物を乾かしに行っていました。

大量に乾かしたら、５００~１０００円くらいかかりますよね？

雨の中、大量の洗濯物を自力で運ぶこともできないので、車を使っていましたが、そのガソリン代もかかります。

乾燥機を買えば、乾燥機を買うお金と、電気料がかかります。


しかし晴れている日はどうでしょう？

太陽さん、雲がない日はめっちゃ気前よく、タダで洗濯物を乾かしてくれます。

なんという恩恵でしょうか？

善人も犯罪者も、王にも庶民にも、分け隔てなく、あまねくその恩恵をくれます。

もしあなたが、外で洗濯物を乾かしてるなら、毎日太陽に５００円のお小遣いをもらっているのと同じです。

そしてこれは、日本国籍の方に限りますが……、日本のパスポートのすごさをあなたは知っているでしょうか？

お隣の中国は、ビザ免除で入れる国、50ヶ国です。

日本がビザなしで入れる国、どれだけあるか知ってますか？

なんと173ヶ国です!!

日本が国として認めている世界の国は、全部で195ヶ国ということなので、ほとんどの国に行けるということになります。

実際にいろんな国を旅していてわかったのですが、日本人は、日本人だというだけで信用されます。

渡航履歴や身なりがよっぽど怪しくない限り、イミグレーション（入国審査）で止められることはまずないのではないでしょうか。

以前、ジャマイカからアメリカに入国したとき、イミグレーションの列の目の前でたくさんの人や家族が、列を外され、連れて行かれるのを見たことがありますが、日本人ではありえないことだと思います。

ですが、日本人のパスポート保有率はたった24%だそうです。

パスポートにあまり力のない国の人は、外国に行こうと思ったら、ビザとかインビテーションとか、手続きがめちゃくちゃ大変なんです。

私はインドに行ったとき初めてビザというものを取りましたが、まぁ〜〜〜面倒くさい。時間もお金も労力もとても使うんです。

それなのに、病気があって海外に行けないとかでもないのに、パスポートを持ってない人が多い。

これは個人的な意見ですが、こんな綺麗な星に生まれて、こんな便利な時代に生まれて、こんな豊かな日本に生まれて、格安ツアーやLLC（格安航空会社）などもあるこのご時世、健康なのに、海外行かないって……もったいないオバケ出るわ!! と思います。

そして、この日本の特徴といえば、なんと言っても「温泉」が多いこと！

調べてみると、その数は群を抜いて世界で1位だそうです。

温泉は、疲れた体を癒し、即効でパワーチャージができる、まさにこの地球、大地からの恵みです。

温泉を掘るのも、それを入浴できる施設に整えるのも、ものすごい費用と、たくさんの人たちの力が必要ですが、日本に住んでいると、このありがたい温泉施設に、たった数百円で入ることができます。

海外旅行に行くのが難しいと感じる人はいるかもしれませんが、温泉に行くのを難しいと感じる人はそんなにいないでしょう。

だから、こんなに綺麗な地球に生まれて、日本国という最強に素晴らしい国に守られながら、健康で、毎日洗濯物を乾かしてて、ときには温泉に入り、パスポートを取ることもせずに、「私は豊かじゃない」とか言ってる人がいたら、引っ叩きたくなります（笑）

すでにその恩恵を受け取っている自覚を、まずは持ちなさいよと思うのです。

誰かや何かと比べてばかりでその恩恵を自覚できず、感謝できない心が貧しさであり、乏しさです。

その心の貧しさ（不足感、欠乏感、枯渇感）が、現実の貧しさを創ります。

超ド貧乏だった過去の自分を振り返ると、痛いほどよくわかります。

心の貧しさが悪いと言っているわけではありません。

この日本に生まれて貧しいと感じるその感性が、とても不自然だということを知っていてほしいと思うのです。

もしこれを読んでいるあなたが日本人なら、断言します。

マザー・テレサは「日本は貧しい」とおっしゃっていましたが、自分の体や自然、そしてこの恵まれた環境に感謝できる心があるのならば、物質的にも、精神的にも、

あなたはすでに豊かです。

07

生きていくのに必要なのは、「感性」だけ

私の講座を受講してくださる生徒さんの中には、

「豊かになりたい」

「お金持ちになりたい」

「起業して成功したい」

という人が結構いらっしゃいます。


「なぜお金持ちになりたいの？」

と質問すると、

「今の会社をやめてもっと自由に生きたいから」

とおっしゃいます。

そこで、「じゃあ、自由になれたとしたら、何をしたいの？」とさらに突っ込んだ

質問をすると、

「世界中を旅したいし、好きなことを好きなときにできるようになりたい。でもとりあえずは、ゆっくり休みたい！ 寝たい！」

という方が意外と多いのです。

「寝たい」

実はここが本当の願望です。

こういう人は、疲れてるんです。

休みたいんです。


でもよく考えてみてください。


寝るのにお金は必要ありませんし、会社をやめる必要もありません。

仮病でも使ってちょっと休みをもらって、ただ寝ればいいだけです。


人間は脳が発達しすぎて、いろんなことを複雑にしてしまっています。

頭にたくさんの思考、思い込みがあるせいで、ただ寝る、休むということさえも簡単にできなくなっている上に、頭を使いすぎているせいで体の感覚が鈍り、「疲れている」という感覚すらもわからなくなって、心や体に無理をさせてしまう人が少なくありません。

本当にリッチな生活をしたいのであれば、まずは、心の感受性や体の感覚を取り戻して、豊かさを感じられる感性を育てなければ、いくらお金があっても、高価なものに囲まれていても、「豊かさ」とはかけ離れた毎日になってしまうことでしょう。

第1章

リッチな“愛”

求めるだけではなく、与えるからこそ、循環する

01

「愛されるための努力」よりも、大事なことがある

世の中には、女子のための、「愛される女」になるためのセミナーなるものや、「愛される女」になるための本や雑誌の特集、愛されメイクに愛されネイルなどが溢れかえっています。


そして、男性にいかに愛されるかだけではなく、

「お金に愛されるためにはどうしたらいいか？」

「お客様に愛されるビジネスとは何か？」

挙げ句の果てには、

「神様に愛されるには？」

などなど、とにかく「愛されるための情報」が死ぬほど出回っており、それぞれから、「もっと愛されるためにはどうしたらいいか」を、みんな血眼になって勉強して

います。

とにかくみんな愛されたいのですね。

だからこんなにもこの世の中、「愛される方法」ばかりがクローズアップされているのでしょう。

ですが、私はあえて言いたい。

愛され方を勉強するより先に、愛し方を勉強しなさい！

と。
ついでに過去の自分にも言いたいです！（笑）
結局この世は何事も、自分が放ったものしか返ってきません。
愛を放てば愛しか返ってきませんが、「どうやったら愛されるか？」ということばかり考えて、それにエネルギーを使っていれば、「どうやったら愛されるか？」ということばかりが気になるような現実や関係が次々に返ってくるはずです。

「愛されたいなら愛しなさい」

愛されたいと願い、もっと愛されるためにはどうすればいいかを常に模索している人は、この言葉をよく耳にすると思います。

ですが、この言葉の本当の意味がわかっている人はほとんどいない気がします。

多くの人はこの言葉を聞き、「愛される」という見返りを期待しながら愛そうとするからです。

「相手に愛されるために愛する」というのは、「自分が愛されて幸せになりたいから愛する」と言っているだけですよね？

このように見返りを期待した愛は、ただの「取り引き」であり、愛ではありません。

決してこれが悪いわけではありませんが、愛とはまったく別物、むしろ対極にあるものだということはしっかり認識したほうがいいと思います。

そして愛とは、人をコントロールするための道具ではありません。

例えば彼氏や子供や旦那さんに対して「あなたのためを思って言ってるのよ！」という発言をする人は少なくないと思いますが、この言葉がもし、少しでも相手を否定しているから出てきた言葉なら、そして無意識にでも、相手を自分の都合のいいようにコントロールしようとして出てきた言葉なら、それはただの「支配欲」や「所有欲」なのです。

愛とはまったく関係ありません。


話は戻りますが、「愛される方法」を勉強して、本当に愛されましたか？

私は愛されませんでした。

愛されないばかりか、どんどん惨めになっていく気がしました。


そしてもう、お腹いっぱいじゃないですか？

もし「『愛される方法』はもうお腹いっぱいだー」という感覚があなたの中に少しでもあるなら、もう気づくタイミングがきているということなのです。

何に気づくかって？

愛されることばかり考えて、愛することを忘れているということに！

です。

少し話は逸れましたが、「愛がほしい！　ほしい！　ほしい！　ほしい！」と、男性からもお金からもお客様からも神様からも、愛されることばかりを求め、ほしがっている姿は、物乞いと一緒です。

もちろん物乞いが悪いわけではありません。

楽しいと思うならやればいいと思います。

でもこの章のテーマである「リッチな愛」とは対極です。

ここで言う「リッチな愛」とは、「愛が自分の中から潤沢に溢れ出ている状態」を指すからです。

これは知っていてほしいと思うのです。

なぜ、愛されたい、すなわち愛が「ほしい」と思うのでしょうか？
それは「ない」と思っているからです。
「まだまだ足りない」と思っているからです。

自分が持ってないものを、他人にあげることはできません。
自分が愛を感じていなければ、愛は与えられません。放てません。
放てないということは、返ってもこないということです。
だから結局、愛されることもないのです。

だから、「愛されたいから愛する」とか、「愛されるために○○をやる」というレベルのことをいつまでやっても、愛されるわけがありません。

でも決して勘違いしないでほしいことがあります。
それは「愛されたい」という思いが悪いわけではないということ。
愛されたいというのは人間の本能だと思いますし、大切な感情だと思います。

人が「愛されたい」と思うのは、自分の中の愛が枯渇していると感じるときです。

そしてそれは、愛されたいと願うが故に、「男性」や「お金」や「お客様」や「神様」に気を取られて、自分をかまっていないとき、人ばかり愛して自分を見ていない、今の自分を否定し、愛していないときに、「愛されたい」と感じるのです。

本当は外側の何かから愛されたいのではなくて、自分自身に愛されたいとき、自分が自分をちゃんと見てほしいと思っているときに、「愛されたい」という感情が湧くもの。


「愛されたい」という感情は、自分の中に愛が満ちているか、それとも枯渇しているかを教えてくれる、一種の大切なバロメーターだと思ってください。


だから、「愛されたい」と感じるときは、自分以外のものから愛されることに躍起になって、外側に意識やエネルギーを飛ばすのをやめましょう。

そんなときこそ、自分自身をしっかり見つめて、愛されたいと願っている自分を認めて、愛されたい自分を否定しないでいてほしいと思います。

では、「自分を愛する」とは具体的にどういうことを言うのでしょう？

それは、寝たかったら寝る、食べたかったら食べる、言いたかったら言うこと。

自分の中から湧いてくる感情や欲求に蓋をしたり、無視してなかったことにしたりせず、きちんと受け止めてあげることです。

自分をしっかり見つめ、自分の願い（欲求）を叶えてあげることです。

どんな自分であっても、ありとあらゆる自分を無条件にＯＫして、頭ではなく、本能、直感、本音に従って、素直に生きる。

世間的に言う真面目ではなく、自分の欲求に真面目に生きるということでもあります。

そうやって自分の内側が愛で満タンになれば、「ほしい、ほしい」と外に求めて空回りしては寂しい思いをし続けることもなくなり、その結果、愛で溢れた自分にふさわしい現実、例えば「人に愛される」とか、「お金に愛される」という現実が次々に起こってくるのです。

だから、まずは「自分」なのです。

自分自身を愛することができなければ、他人やお金などを本当の意味で愛することなんてできません。

まずは自分が満たされていなければ、満たされていない部分を他人からの愛やお金で埋めようとするからです。

その結果、相手が自分をどう思っているか、どうすればもっと人やお金から愛してもらえるかばかりを気にして、自分がそれらを「愛する」ことを忘れていきます。

そして結局、外に向かって「ほしい、ほしい」「くれ、くれ」と、もらうことばかりに夢中になってしまい、何かから愛されるという現実から遠ざかっていくのです。

まず、自分を全部受け止めて、かまってあげよう

02

「愛」って、頭でイメージするより、ずっと大きくて深い

じゃあ一体、「愛」ってなんなのでしょう?

一切の見返りを求めないこと。
一切の否定がなく、すべてOKであること。
すべてをジャッジすることなく、ただありのままに、中立《ニュートラル》に観察できること。

これが本当の「愛」です。

そしてこれは単なる「感情」レベルの「愛情」とは似て非なるもので、この世の森羅万象を動かしている、純粋で、すべてを肯定し、見守っているエネルギーです。

量子物理学などなかった時代、これをなんと表現したらいいかがわからなくて、人はこのエネルギーのことを「神」と呼び、「愛」と呼んできました。

または、「大自然」と呼ぶ人もいました。

私たちの肉体を流れている命のエネルギーは、この「神」「大自然」と同じものです。

私たちは自然の一部。

だから、とっても簡単に言ってしまえば、「愛」とは、この肉体を流れている純粋な「命」とも言えます。

地球という大自然は、人間が海を汚し、森林を伐採し、戦争をしていても、ただただすべてを育み、見守り続けています。

地球は不自然に圧力がかかっているものをニュートラルにするために、ときに地震などの自然災害を起こしますが、この「自然災害」という観点も、人間の目から見たら「災害」と言うだけで、地球にとっては、整体のように骨をポキっと鳴らして、もとの自然な状態に戻そうとしているだけのことです。

何も、地球が怒って、人間をやっつけようとしてそれをやっているわけではありません。

地球はいつも、まるでお母さんのように、人間やそのほかの生物を包み込んでいます。

「母なる地球」と呼ばれる所以は、そういうことなのかもしれません。

壮大すぎてよくわからないという人は、自分の肉体を流れている命を思い浮かべてみてください。

私たちの肉体を流れているこの命は、怒ったり、休んだりすることなく、常にすべての臓器を動かして、不自然な圧力がかかっているところは「病気」や「痛み」としてサインを出したり、そこを癒そうとしたりしています。

たった今、この瞬間も、あなたが意識をしなくても、呼吸をして、心臓を動かし、髪や爪を伸ばし、食べたものを消化したり、肌を代謝したりしています。

私たちの頭（エゴ）がどんなに悩んでいようと、どんなに意地悪なことをしていようと、命はひたすら、毎瞬毎瞬、肉体にエネルギーを供給し続けています。

「何か悪いことをした日は、罰として、心臓を止めます！」なんてことを、命はしません。

あなたが何をしても、また、何をしなくても、命はあなたの肉体を生かし続けてくれています。

あなたの行動や考えがどんなものだとしても、良い、悪い、優れている、劣っている、ある、ない、などとジャッジせず、常に、あなたを生かし続けているのです。

命は、ずるいあなた、自信のないあなた、仕事がうまくいかないあなた、お金がないあなた、太っているあなた、または痩せすぎているあなた、彼氏がいようがいまいが、頭が良かろうが悪かろうが、スポーツが得意だろうが苦手だろうが、ありとあらゆるすべてのあなたをOKして、見返りなど一切求めることなく、あなたを育み、生かし続けているわけです。

あなたの中にもし、彼氏がいない自分はダメだとか、仕事ができない自分はダメだとか、病気がある自分はダメだとか、借金がある自分はダメだとか、自分自身に対する否定があるのだとしたら、それは頭の中の思考や記憶、モノサシ、思い込みが、それを「ダメだ」とジャッジしているだけのこと。

命はそんなことに一切かまわず、今日もあなたを無条件に愛し続けています。

これを愛と言わずになんと言えばいいのでしょうか？

もし、「愛がなんなのかわからない」と思うのなら、それは当たり前のことなのかもしれません。

なぜなら愛とは、頭で考えてもわからないことだからです。

愛は考えるものではなく感じるものだし、本当は愛が何かなど、人間の言葉で表すには限界があるからです。

だから、「愛が何か？」を知りたければ、他人や、何かの情報など、自分の外側に答えを求めるのではなく、心臓に手を当てて、鼓動を感じてみてください。

どんな感じがしますか？

その感覚を、無理やり頭を使って言語化する必要はありません。
ただ感じるだけでいいんです。
毎秒脈打っているそのエネルギーこそが「命」という、ものすごい愛なのですから。

あなたの命こそが愛そのもの

03

あなたは、決して、「ちっぽけな存在」なんかではない

「命」＝「愛」という純粋なエネルギーは「永遠」、そして「無限」という特徴を持っています。

私たちはお母さんのお腹から出てきた日を「誕生日」と呼んでいますが、お母さんのお腹の中でも約10ヶ月間、すでに生きていました。

では、お母さんの子宮に着床する前はどうでしょう？

お父さんの精子も、お母さんの卵子も、ずっと生きていたはずです。

命が肉体を手放すことを人は「死」と呼びますが、それは肉体がなくなるだけの話で、命自体が消えてなくなっているわけではないことは、今は量子物理学で説明できる輪廻転生、そして、精子と卵子が受精する前から、そして誕生日にお母さんのお腹

から出てくる前から、すでに生きていたことを考えればわかります。

命というエネルギーは、こうして循環している、永遠のシステムなのです。

そして、この命という愛のエネルギーは何でできているかというと、この宇宙のすべての原材料でもある、素粒子という振動するエネルギー、ミクロの「光の粒」でできています。

この宇宙で、素粒子でできていないものはありません。

この地球も、水も、空気も、状況も、肉体も、音も、色も、国も、名前も、あの人もこの人も、すべてがこれでできています。

この光の粒は、どんなものにでも形を変えて、毎瞬毎瞬、宇宙のすべてを、無限に創り出しています。

どういうことかというと、この本も、この本を読んでいるあなたの肉体も、読んでいる部屋も、地球も、宇宙も、全部創っているということです。

不思議な感じがするかもしれませんが、これはすでに、科学が証明していることです（詳しくは、前著『美女養成講座　眩しく輝く私になる方法』（三笠書房）を参考にしてください）。

難しいことはさておき、何が言いたいかというと、

あなたは、もともと、永遠で、無限の存在だということです。

あなたは、生きるために好きでもない仕事をやり続けながら、食い扶持稼ぎに翻弄しなくてはいけない存在ではありませんし、外から何かをゲットし続けなければ豊かになれないような、そんな貧乏くさい存在でもないし、誰かから愛をゲットし続けなければ生きていけないような、そんな弱い存在ではありません。

今この時代の日本を選んで肉体を持っているならなおのこと。

あなた自身が無限の愛、そして無限の豊かさの象徴なのです。

プロローグから言っていますが、あなたはもうすでに豊かです。

もし豊かではないと思っているなら、「豊かではない」という思考があるだけなのです。

そして、その思考が、無限の豊かさである「命」、そして「愛」の発動を制限し、ストップしています。

だから、豊かな現実を創れていないだけなのです。

ただ頭の中の「思考」が邪魔しているだけ

04

もらおうとするのをやめれば、勝手に溢れ出す

繰り返しになりますが、私がこの本で言う「リッチな愛」とは、ほかからの愛を必要としないくらい、愛が潤沢に溢れ出ている状態のことです。

自分の中から、湧き水の如く勝手に愛が溢れ出していれば、愛されるために必死な努力なんて一切しなくても、勝手に人やお金やお客様や神様に愛されます（と言っても、神さまはすでに愛しているのですが、人間がそれに気づいていないだけ）。

人もお金もお客様も、全部材料は「愛」であり、その「愛」を神様と呼んでいるのでしたよね。

自分の中から愛が溢れ出すと、その溢れ出したエネルギーに共鳴して、放たれたものと同等のものが引き寄せられます。

これが「引き寄せの法則」です。

だから、自分から放たれるエネルギーの純度が高ければ高いほど、純度の高いエネルギー、すなわち「愛」と共鳴することができて、その愛を感じられる現実が創られていくというわけです。

では、どうすれば、リッチな、本物の愛を溢れ出させることができるのでしょうか？

それは……あえてキツイ言葉を使います。

心の準備をしてください。

今までたくさんのことを学んでも、何も変わらなかったという人は特に、注意深く読んでください。

いいですか？

準備はできたでしょうか？

リッチな、本物の愛を溢れ出している自分でありたいなら、まずは、

物乞いをやめろ。

ってことです。

物乞いとは、辞書で調べると、「他人にものを恵んでくれるように頼むこと」と出てきますが、ここでいう物乞いとは、「もらうことしか考えていない」ということです。

愛でもお金でもなんでも、もらうことばかり、ほかから取ることばかり考えて、純粋に与えることができない人のことです。

「私はこんなに与えているのに、何も返ってきません」という人は、見返りを期待して与えているだけなので、それも結局、「もらうことしか考えていない」ということになります。

「何も返ってこない」という現実こそが、それを証明しています。

「もらうことしか考えていない」というエネルギーは、「もらうことしか考えていない」人や現実しか引き寄せられないので、もらうことばかり考えている人は、「何かを与えられる」という体験もできないのです。

・もっと愛してもらうために優しくする。
・「夢が叶う」という見返りのために、努力する。
・「お金がほしければお金を使え」という言葉を履き違えて、もっとたくさんのお金をゲットするためにお金を使う。
・お客さんに喜んでもらうことや、お客さんからの報酬、これを使ったらこんなによくなったというレビューや賞賛という見返りをもらうために、お客さんを喜ばせるための努力をする。
・神社にお賽銭を投げて、神様（大自然）を自分の都合のいいようにコントロールするために祈る。

一見普通に感じるこれらが、全然「愛」じゃないことは、ここまで読んでくださった人ならもうわかると思います。

愛じゃないのがダメなわけではありません。

ただ、エネルギーが弱いのです。

与えるときに、同時に、見返りをもらうことにも意識が飛び、エネルギーが半分持っていかれるので、１００％与えることができなくなるわけです。

50％の愛しか放っていないなら、返ってくるのも50％ですし、見返りを期待している時点で、ほとんどの人は、「見返りをもらうこと」にエネルギーが集中しているので、結局は大したものを放っていないのです。

だから大したものが返ってこないのでしょう。

今、目の前にある現実は、自分がどんなレベルのエネルギーを放っているかをすぐに教えてくれます。

何を見ても、誰に会っても、どんなことが起こっても愛しか感じないなら、あなたから常に愛が放たれている証拠。

そして、何を見ても誰を見ても、どんなことが起こっても、しょぼい感じがして、豊かさを感じないのであれば、厳しい言い方をあえてしますが、なんのことはない、あなたが放っているエネルギーがしょぼいということです。

「ちゃんと与えているのに返ってこないよ？」という人は、自分の放っているものに、嘘や打算や期待という「不純物」が混ざって、純度が下がっていないかをチェックしてみてください。

そして、愛というのは、

外からもらおうとすることをやめれば、勝手に溢れ出てくるものです。

もらおうもらおうとしていると、人からもらわなければ生きていけないような自分になってしまうし、外側に意識が飛んで、自分の中にすでにあるものや、愛にも気づけないのです。

だから、今ここで、すべてに対して、**もらおうとすることをキッパリやめる!!**

「自分に愛を溢れ出させる」と考えると難しいかもしれませんが、「もらおうとする態度をやめる」と考えれば、外側の状況ではなく、自然に自分の内側に意識が集中してきますので、自ずと、愛というものがすでにあること、そしてそれは無限にあるものだということがわかり、外に探しに行くこともなくなります。

つまり、もらおうとするのをやめれば、自然とあとから愛もお金も返ってくるということ。

逆に、もらおうもらおうと、見返りを期待するから、ずっと「ない状態」が続くのです。

「愛されたい」「認められたい」と頑張らない

05

あれこれ考えるから、誰かに何かを期待してしまう

恋愛や夫婦の関係においても理屈は同じです。

愛して、大切にして、かまってと、相手からエネルギーをもらおうもらおうとばかりしていると、それがもらえないと悲しんだり、または相手がそれを与えてくれるようにコントロールしはじめて、どんどん自分の中の「愛」が枯渇するように感じて、ますます外側に求めるという、苦しいだけの無限ループにはまっていきます。

人がこの無限ループにはまっているとき、何が起こっているのかを、この章の最後にお伝えしたいと思います。

断言しますが、人がこのループにはまっているときというのは、頭の「思考」に

よって、命の欲求が無視されている状態のときです。


命というのは、無限です。

違う言い方をすると、無限に溢れ出る源泉（科学ではゼロポイントと言います）がこの命なので、命はすでにすべてを持っているのです。

その証拠に、どこかにスイッチや電池があるわけではないのに、今も体は脈々と動いています。

このエネルギーは一体どこから供給されているのでしょう？

食べものからでしょうか？

では、食べものを消化し、栄養に変えて体に吸収するという活動自体をやってのけるエネルギーはどこから供給されているのでしょう？

休むことなく常に動いています。

とっても不思議ですね！

これが命のなせる技です。

だから、命は「ほしい」なんて思わないんです。
なぜか？

すでに全部持っているからです。

ただ、頭はこれを知りません。
世間の情報によって洗脳されているからです。

あなたにはこれが足りないよ。
だからこれを買うといいよ。
これを持ってるのが当たり前だよ。
だから持ってないなんて変だよ。
豊かさとはものやお金をたくさん持っていることだよ。
ないならあなたは貧しいよ。
もっと頑張りなさい。

この消費社会のすべてのマーケティングが、足りなさを煽って、購買意欲をくすぐっています。

「足りない」と思い込ませてるのです。

なぜなら、「足りない」「ほしい」と思ってもらわなければ、買ってもらえないので、企業が利益を得られないからです。

その証拠に、電車に乗っても、雑誌を見ても、どこもかしこも広告でいっぱいです。

そして、力のある人がさらに利益を生むために、労働力を確保するべく、「頑張って働いたら、お金持ちになって幸せになれるよ」と煽るわけです。

そして、小さい頃から、親にも洗脳されまくっています。

世の中、頑張らないと痛い目にあうよ。
ラクしてお金を稼ぐなんて悪いことだよ。
結婚して子供がいてやっと一人前だよ。

親は子供のことを思って言っているのでしょうが、はっきり言ってこんなの全部ウソっぱちです。

親自身がそういうふうに教えられ、育ってきたからというだけで、真実かをよく吟味することもなく、それをそのまま自分の子供に伝えたりします。

そして、こういう外側からの洗脳や刷り込みが、頭の思考、具体的に言うなら、「こうでなければならない」「こうすべき」という、頭の中の思い込みを作り上げます。「こうでなければならないのに、私にはこれがない、だからほしい」。これによって、先ほどの「外から何かをゲットし続けるというループ」を作り上げているのです。

じゃあ、逆に命の欲求とは何かというと、命は全部持っているが故にほしがることをしませんが、「これを与えたい」「これを表現したい」「これを伝えたい」「これを知りたい」「体験したい」というようなこと、つまり「手に入れる」というより、どちらかというと、「何かを出していく」という感じの願いを持っています。

たとえば何かを「ほしい！」と思う場合があったとしても、「ないからほしい」「足

りないからほしい」という理由ではなく、「それを持っている自分を体験したい！」という感じです。

そして、頭でどうこう考えた結果「ほしい！」と感じるわけではなく、理由なく、「こうしたい」というのも命が求めていることです。

「寝たい」とか「食べたい」とか、そういう生理的な欲求も含みますが、ここを自分が無視するから、愛されていない感じがしてくるのです。

だから、それを外からの愛で埋めようとするわけですね。

まずは自分です。

自分が自分の本音をしっかり聞いて、自分が自分に愛を与えてください。

「いい人」でいたいからといって、本当はやりたくもないことを引き受けていませんか?

嫌われたくないからといって、言いたいことを我慢していませんか?

本当は泣きたいのに無理して笑っていませんか?

「本音をしっかり聞いて、自分に愛を与える」とは、やりたいことをやり、言いたいことを言い、やりたくないことをやめるということです。

自分自身に対するウソやごまかしや妥協を一切やめて、自分の本音に従い、自分を大切にするということです。

ずっと本音を押し殺しながら生きていると、何が自分の本音なのか、自分が本当は何を感じ、どうしたいと思っているのかさえもわからなくなってしまいます。

もし、自分が今その状態だという人は、今の今から、「人からどう思われるか?」よりも、「自分がどう感じるか?」を最優先事項にして、他人よりもまずは自分を大切にし、そして幸せにしてください。

あとの章にも書きますが、自分自身さえ幸せにできない人は、結局は周りの人を幸せにすることもできません。

まずはとにかく自分を愛し、自分を満たす！

そうすれば、自分の中にどんどん愛が充満していき、外から何かを「ほしがる」というゴールのないゲームを終わりにすることができます。

「今、何がしたいの？」と自分に聞いてみる

第2章

リッチな“見た目”

短所を無視して、長所を伸ばせば、最強の美女になる

01 パワーグッズやお守りは、こんなふうに使おう

手首に金運アップのパワーストーンをジャラジャラつけて、黄色やゴールドのお財布を持っている人がいます。

こういう人を見て、「お金に困ってるのかな?」とか「もっとお金がほしいのかな?」と思うことはあっても、「リッチだな～」と思うことはありません。

私もパワーストーンが大好きなので、つけている石を見れば、その人がどういう願いを持っているのかだいたいわかります。

ローズクォーツなら「恋愛」、タイガーズアイなら「金運」、水晶なら「お守り」くらいは、もしかしたら石に特に興味がない人でも知ってるかもしれません。

以前、とても若い女医さんに診てもらったことがあるのですが、その方の手首にこ

れでもかというほどローズクォーツがついていたんです。

それを見て、「若くて、しかもお医者さんという誰もが尊敬するような職業に就き、きっとお金もたくさん持っているだろうに、どんだけ恋愛に恵まれてないんだ！」と、失礼ながら、「やっぱりお金とか地位とか名誉ってのは、人の幸せには関係ないのかもしれないな……」と思ってしまいました。

このようなスピリチュアルグッズやパワーグッズ。

つけるのはもちろん個人の自由ですが、もしそれに頼って、すがって、石に自分をなんとかしてもらおうと思っているなら、ちょっと考え直したほうがいいかもしれません。

愛でもお金でもどんな分野でも、リッチな人は、「もうある」ので、多分そういうものをつけないと思うのです。

例えばビル・ゲイツは、金運アップのブレスレットや財布を身につけてはいないでしょう。

私は結婚していて、旦那さんとも仲良しなので、恋愛運アップのグッズをつけていません。

こういうパワーグッズは、使い方を間違えると、その石をつけることで、「私にはそれ（お金や幸せな恋愛関係）がありません」ということを、自分に刷り込み続けることになりかねないので、ちょっと注意が必要だなと思うのです。

「私にはそれがない」と無意識に、潜在意識に刷り込まれてしまうと、やっぱり「それがない」現実をあなたは体験することになるからです。

そして、石からパワーをもらおうとすればするほど、あなた自身はパワーダウンするということを知っていてほしいのです。

前述した通り、何かをもらおうとすればするほど、「もらおうとしているその力」が自分にはないのだと潜在意識が認識するので、これまたその力がない自分を体験し続けることになるのです。

だから、これらのパワーグッズは、

「その力がすでに、自分の中にあるんだよ！」というのを思い出す「目印」としてつけるのが一番です。

実際に、すでにあるけど使えてないから、その分野がうまくいっていないのですね。**金銭面で豊かになる力も、恋愛をうまくいかせる力も、本当はもうすでに全部持っています。**

命はすでに、すべてを持っているのでしたよね！

まずはそれを認識し、自覚してください。

そして、石からパワーを「もらおう」とするのではなく、その石やパワーグッズが持っているエネルギーと共振させて、自分の中のその力を発動していくという「スイッチ」として、その石やパワーグッズを持ってほしいのです。

パワーグッズを持っていても全然現実が変わらないという人は、たぶん使い方が間違っています。

これらを売っている人は、しっかり使い方も提供してほしいし、買う人はそれをちゃんとわかっていて、教えてくれる人から買ってほしいと思います。

私も生徒さんの自己実現のためにセッションをしますが、腕にそういうものをつけていたら、「その現実が叶ってませんよ」という刷り込みになっていないかをまずチェックします。

だって、私と何を話しても、家に帰って、日常的に見てるものが「私にはそれがありません」というメッセージなら、望んでいる現実を叶えるのが無理だからです。

そしてさらに言うなら、パワーグッズを身につけるのは結局、恋愛がうまくいくとか、お金がゲットできるという見返りを期待している場合がほとんどです。

「つけるから、この願いを叶えてよね」と。

だからその石などが持っているパワーさえも、実はほとんど受け取れていないのです。

ではどうすれば、そのパワーを一番大きく受け取れるのでしょうか？

それは見返りを一切期待せずに、願いを叶えてくれようがくれまいが、**それ自体を本当に「ラブッ♡」って思って、愛を感じるものを選び、大切に身につけることです。**

そういう純度の高い愛で身につけているときに、本当にそれらが持っているパワーを受け取り、自分の中からその力を発動することができるのです。

それによって初めてそのグッズたちは、あなたの最強のお守りになって、あなたの役に立っていけるんです。

「つければ救われる」じゃなく「つけたいからつける」

02 ブランドものは、あなたを豊かにはしない

パワーグッズと同じく、ブランドものも、ちょっと注意が必要な存在です。

ブランドものは超一流のデザイナーさんや職人さんたちが全身全霊で作っている、とてもパワーの強いものです。

だから少し自分が弱っているときや、大勢の人の前で話をしなければならないとか、パワーが強い人と会わなければならないというときは、自分を守ってくれるお守りにもなります。

やはり、作りも素材もしっかりしているので、きちんとした場に出かけるときには最高に助けられます。

そして、普通のジーンズにTシャツというラフな格好をしていても、ブランドもの

のバッグや靴を身につけているだけで、一瞬でおしゃれに、しかもリッチに見えたりするので、「ブランドものの威力はすごいなー」と思わずにはいられません。

ですが、やはりこれも、それなしではいられないとか、それなしでは不安となると、ちょっと困りものです。

先ほどのパワーストーンと同じ原理ですね。

これも、もし自分の自信のなさを隠すために身につけていたりすると、一発で、「自信がない」という自分を周りに対して表現するハメになるからです。そして、そんなふうに身につけていると、ブランドものを身につけなければ価値がない自分のできあがりです。

また、自分をより大きく豊かに見せるためにこれ見よがしにブランドものを身につけるのも、わざわざ見栄を張って大きく見せなければならない、「小さな自分」を作り続けます。

せっかく高価なブランドものを身につけるのに、それではあまりにももったいなさすぎると思いませんか？

だから先ほどと一緒で、見栄を張るためや、自信のなさを隠すためなどではなく、本当に惚れ込み、愛を感じるものを、長く、大切に使っていくというのが、一番素敵な使い方ではないかなと私は思います。

結局人って、何を身につけているかよりも、**その人自身がどういう人間か**のほうが大切だと思うのです。

そして、ブランドものであろうがなかろうが、自分が純粋に愛を感じ、愛おしいと思うものを身につけていれば、人は気分よくいられるものだと思います。

ブランドものはあなたの自信をつける道具ではない

03

コンプレックスをカバーするメイクをやめ、いいところを際立たせる

あなたはメイクってなんのためにしていますか？

欠点を隠すため？
自分をもっと綺麗に見せるため？

私は圧倒的に前者のタイプでした。

クマを隠したい、低い鼻を高く見せたい、顔の傷を隠したい、顔を少しでも小さく見せたい……。
とにかく隠すことや、ごまかすことばかり考えていました。

確かに、その考え方のおかげでさまざまなテクニックは身につきました。

でも、いろいろ試してわかったんです。

マイナスの感情が出発点になっているメイクって、どうもオーラがくすんでしまうということに。


私はメイクアップアーティストとして、雑誌やCDジャケット、写真集やミュージシャンのプロモーションビデオの撮影、また、経営者の方々のプロフィール写真撮影などのお手伝いをさせていただいたことがあり、今まで自分のメイクだけじゃなく、さまざまな方のメイクを担当した経験があります。

そこで、ある法則に気がつきました。

それは、なんでも隠そうとすればするほど、かえって目立つという、驚愕の法則です。

例えば、

「私は目が小さいから、目が大きく見えるようにメイクしてください」

と言う方はいても、

「私は鼻が綺麗で高いのが自慢だから、そこを強調してください」
という方はまずいません。

国民性もあるのでしょうが、本当に皆さま、謙虚です（笑）。

気になる場所をただ隠すメイクではオーラがくすむ!!
欠点を隠そう隠そうとしているうちに、性格が卑屈になる!!

そう感じた私は、あるときから、**魅力的なところに集中するメイク**にチェンジしました。

綺麗になるためのメイクなのに、「目があと5ミリ大きかったら……」とか、「鼻がもっと高ければ……」とか考えながらメイクしたって、**「美しいオーラ」**が出るはずがないんです。

それと同じく、「愛されたい」と思いながら「愛されメイク」をしたって、ものほしげな「愛されたい顔」ができるだけで、「愛される顔」ができるわけではありません。

私は交通事故のせいで顔に少し傷があるし、顎の形も歪んでいるのですが、そこを隠そうとしていないので、逆に、「その顎どうしたの？」と聞かれたことはありません。

それに気づくまで、私はずいぶん遠回りをしてしまいました。

私は美しさの正体は「オーラ」とか「雰囲気」だと思っているので、リッチな美女オーラをかもし出すためにも、皆さまにはぜひ、普段のメイクを「欠点を隠すもの」ではなく、

✴自分を表現するもの
✴自分の美しさをアピールするもの

と、とらえていただきたいなと思います。

「シワ」だの「シミ」だの「毛穴」だのなんてものは、隠そうとすればするほど、目立つのです。

なぜかというと、意識を集中して、そこにフォーカスし、パワーを与えてしまうから。

なんでもそうですが、**「エネルギーを集中したものは、強くなる」**という法則があるんです。

私は鼻が低いのがコンプレックスで、以前はノーズシャドウをガツンと入れてましたが、今思えば、「全国の皆さーん!! 私は鼻が低いのが悩みでぇーっす！」と、力一杯アピってたようなものです。

気になる場所には、それ以上パワーを与えちゃいけないんです。

欠点を隠すのはほどほどにして、自分が一番気に入ってる場所に集中し、そこを愛を持って眩しくして輝かせてあげて、気になる場所なんかその眩しさでボヤけさせてしまいましょう。

この「気に入ってる部分」とは、人から「目が可愛い」「唇がぽってりしてていいね」と言われるようなところではなく、自分自身が気に入っているということがとても重要です。

なぜなら、自分がそこを気に入っていなければ、パワーを与えても嬉しくもなんともないからです。

自分で「いいかも！」と思えるパーツを堂々とアピールする。結局は、そんなメイクが、愛されるメイクになるのではないでしょうか。

なんといっても、自分で自分に「いいかも！」と思えるパーツならば、メイクしているときの気分も、仕上がりも、全然違いますもん。

そして結論。

気になるところは……気にすんな！

by高橋ナナ　です（笑）

メイクは、自分の魅力を表現するものであって、欠点を隠すためだけのものではない。

そんなふうにとらえていれば、すべて十分にある「見た目のリッチさ」も、勝手に出てくると思います。

自分の「いいところ」「誇れるところ」にパワーを与える

04 安かろうが高かろうが、「ただ心地いい」ものを選ぼう

自分を大切にし、自分に心もお金も時間も惜しみなく使える人というのは、やはりとても「豊か」なオーラをまとっています。

そしてその豊さとは、身につけている「もの」を超えた次元のものです。

「どうせすぐ捨てるんだからもったいないし、なんでもいいでしょ！」って、ボサボサに毛羽立つ100円もしないコットンで、乱暴に化粧水を顔にはたいてケアした気になっている人がたまにいますが（以前の私もそうでした）、そんなケアならしないほうがずっと豊かな感じになります。

実際、そんなふうにやっつけ作業で乱暴なエネルギーを自分にぶつけながらケアするよりも、何もしないほうが、面白いことに肌トラブルがなかったりするのです。

自分に対するどんな行動も選択も、体は全部覚えています。

自分の、自分自身に対する行動や選択は、「自分はこういう人間ですよ」と自分に言い聞かせているのと同じだからです。

そして、人の脳は、「自分に言い聞かせられたように振る舞う」という特徴があります。

これは「セルフトーク」とも呼ばれますが、例えば、自分に心もお金も時間も使わないという自分自身への態度は、「自分は心もお金も時間も使う価値がない」というメッセージを放ち、それを受け取った脳は、無意識にそのように振る舞うようになるということ。

そして、それに伴って、周りの人も、あなたを「心もお金も時間も使う価値がない人」として扱うようになるのです。

自分を価値ある存在だとして大切に扱っている人は、人からも大切にされます。自分をテキトーに扱っている人は、人からもテキトーに扱われます。

自分に対する自分の扱いは、面白いくらいに周りの人が教えてくれるのです。

例えば私の場合だと、自分の本音を無視して、「やりたいこと」ではなく「やらなければならないこと」ばかりを優先していると、必ず旦那さんに話を無視されはじめます。

いつもは話を聞いてくれるし、仲が悪いわけでもないので、「あれ？」とすぐに違和感が生じるのですが、ここで旦那さんに「ちょっと！　無視しないでよ‼」と怒りをぶつけた瞬間に「あ！」と気づくのです。

「この言葉は、私が、私に言ってるんだ」

と。

どこまでいっても、自分の内側の状態というのは、外側に現実として現れてきます。

「安いから」という理由で、身につけるものや食べるものを選んでいると、安いものがふさわしい自分になりますし、本当に気持ちがいいもの、幸せを感じられるもの、または豊かさを感じられるものを自分に選んであげることができる人は、やはり、気

持ちよさや、幸せや、豊かさがふさわしい人間になっていく。

これは何も、なんでもかんでも「値段の高いものを選べ」という話ではなくて、本当に心地よいと感じるものなら、それが安かろうが高かろうがOKという意味です。
ただ、「安いから」という理由で、大して心地よくないものを自分に使い続けてるとしたら、それは自分に対して失礼だよという話です。

やっつけ作業で自分をケアしない

05 世間の常識や流行にとらわれず、「心と体が喜ぶもの」にする

食べるもの、飲むもの、身につけるもの、使うもの、住む家の環境、一緒にいる人、そして、やることなど、自分の関わるものはすべて、頭の情報ではなく、「感覚」で選ぶようにしてみてください。

つまり、自分が心地いいもの、幸せを感じるもの、愛や豊かさを感じるもの、自分の心や体が喜んでいるように感じるものを選んでみてほしいのです。

例えば「カップラーメンは体に悪い」という情報があるとします。でも無性に食べたくなって、その上とっても美味しく感じることもあります。

これは実際の私の体験談なのですが、暑い宮古島で一日中遊んでいたときのこと、時間が遅くなり、飲食店が全部閉まってしまいました。

コンビニに行こうか迷っていたところ、ホテルのロビーにカップラーメンが売られ

ているのを発見したのです。

見つけた瞬間、無性に食べたくなって、スープまで一気に平らげました。

多分一日中外にいて、大量の汗をかいていていたので、体が塩分をほっしていていたのだと思うのですが、あのカップラーメンの美味しかったこと！

もう信じられないくらい幸せを感じて、心も体も一気に満たされました。

あのとき、「カップラーメンは体に悪い」という情報に従って、ほかのものを仕方なく食べたとしても、あそこまで満たされなかったでしょうし、ほかの日に、それしかないからという理由で、同じカップラーメンを仕方なく食べても、あそこまで美味しく感じることはないと思います。


情報や思考ではなく、そのときの体や心の感覚が「YES!」ということを、いつも自分に選んであげるようにしてください。

他人の意見がどうであれ、自分が本当に心から「それがいい!」と思うものを選べば、女性は特に、まず間違いません。

逆に、なんかモヤモヤするとか、体が重たい感じがするというのもサインです。
それに、全然やる気が起きないのに、「それをやるといい」という他人の情報や世間の常識に従って行動を起こしたとしても、まったく幸せを感じませんし、「だから何？」という感覚になると思います。

自分に必要なものは「感覚」という自分のオリジナルセンサーが知っています。
頭は知りません。
この感覚というのは本当に人それぞれで、同じ人はまずいません。
このオリジナルなセンサーに従うことで、自分らしい人生を送ることができます。

そして情報とか常識に縛られて、頭で生きていると、前にもお話しした通り、「命」という無限の豊かさが制限されてしまうので、「リッチ」な状態からはどんどん遠ざかっていくということも、心の片隅に置いておいてください。

情報や思考ではなく、心と体の「ＹＥＳ！」で選ぶ

第 3 章

リッチな“お金”

「豊かな心」があれば、勝手に溢れ出していく

01
もしあなたが貧乏なら、それはセルフイメージのせい

この章は、
「『お金』という豊かさが自分には足りていない」
「好きなことをしているはずなのに、全然お金が回っていない。いつまでたっても貧乏なままだ」
という方に読んでいただきたいと思います。

私の家は私が5歳のとき、建設業を営んでいた父の会社が倒産し、莫大な借金を抱えました。

それまで住んでいた持ち家を売ってアパートに引っ越し、地元で事業を展開していた父は、単身赴任となりました。

家は借金まみれでしたが、食べるご飯に困ったことも、着る洋服に困ったこともあ

りません。むしろ洋服などは、叔母が大手スーパーの子供服売り場に勤めていたため、いつも流行りの可愛い洋服を着ていたと思います。

母は、毎日お小遣いをくれたし、おやつも買ってくれました。

「ピアノを習いたい」とねだったとき、「狭いアパートでピアノを置けないからダメ」と言われたことはありましたが、それ以外は、自分が行きたい学校にも進学させてもらえたし、今思えば、何ひとつ不自由せずに育ちました。

それもこれもすべて、父が家族のために一生懸命仕事をし、稼いだお金を全部家に入れてくれていたからだと思います。

ほかの子と同じように暮らしていたにもかかわらず、私は幼いながらに、「自分の家は貧乏だ」「お父さんの会社が潰れて借金まみれだ」と思いながら育ちました。

親がそう話しているのを聞いてそのまま信じたためでしょう。

学校を卒業し、社会に出たら、自分でお金を稼ぎ、自分で好きに使えるようになりました。

それなのになぜか、私は毎月携帯電話が止まるほど、いつもお金に困り、借金が増えていきました。

今となればわかります。

小さい頃からの「自分の家は貧乏だ」「お父さんの会社が潰れて借金まみれだ」という観念（思い込み）をそのまま引きずっていたから、それを証明するような現実ばかりを体験していたのだと……。

自分の、自分自身に対するイメージを「セルフイメージ」と呼びますが、私の場合、このセルフイメージが「私は貧乏」だったため、どんなに働いても、どんなにお金を稼いでも、貧乏な生活からは抜けることができませんでした。

本当に不思議なもので、この頃は、いくらまとまったお金が銀行口座に入っていても、まったく豊かな気持ちになることはなかったのです。

むしろ、「こんなんじゃ足りない」「どうせすぐなくなる」と思っていて、不安が消えることはなく、お金があることに嬉しさを感じることもありませんでした。

現在の私は、お金に困っていませんし、お金のことを考えることもありません。

将来への不安もなければ、「年収いくらを目指そう！」などという目標もまったくありません。

今、好きなときに、好きなように、好きなだけお金を使えるようになり、今の自分と貧乏だった自分、何が違うのかがはっきりわかります。
それをこの章ではじっくりお伝えできたらと思います。

どんな環境にいるとしても、どんな環境に育ったとしても関係ない

02
豊かさは、決して預金の残高でははかれない

私はかつて、銀行の預金残高の額の大きさや、所有しているものの多さや、住んでいる家の素晴らしさが豊かさのバロメーターでした。

たくさん貯金がある人は豊か。
貯金のない私は貧乏。

月収〇〇万円以上なら豊か。
それに満たない私は貧乏。

ブランドものを持っている人は豊か。
持っていない私は貧乏。

素敵な家に住んでいる人は豊か。
アパート暮らしの私は貧乏。

借金がない人は豊か。
借金がある私は貧乏。

これらはまだ今のようにお金が大きく回っていなかったとき、私が普通に思っていたことです。

でもこのような、誰かと比べた相対的な尺度というのは、どこまでいってもキリがありません。

例えば、「仕事を頑張って、なんとか目標としていた月収に達した！」と思っても、その後、桁違いの月収を稼いでいる人に会えば、「目標達成した！」という気持ちがあっという間に「私はまだまだ少ない」になったりします。

私の友達で、２千万円もの貯金があるのに、いつも「お金がない」と言っている人がいました。

謙遜して言っているわけではなく、本当に不安そうなのです。

私にとっては２千万円って、ものすごい大金です。

だから、「そんな大金を持っているのに、『お金がない』ってどういうこと？」とびっくりしたのです。

それで確信しました。

「銀行の預金残高と豊かさって関係ないんだな」と。

そして多分彼女は、一生食べていけるだけのお金を手にしても、「お金がない」って言うだろうなーと思ったのです。

そこで、たとえ少しまとまったお金が銀行口座にあっても、まったく不安が消えなかった自分を思い出し、気づいたのです。

リッチかどうかって、目の前の現実は関係な

い。貯金残高の数字も、持っているものも、住んでいる家も関係ない。

ということに。

大切なことなので何度もしつこく繰り返します。

豊かさを感じていないなら、豊かな現実なんて現れないんです。自分をリッチだと思っていなければ、リッチな現実なんて起こるわけがないんです。お金のことを言うなら、お金があるから豊かになるんじゃなくて、豊かだからお金が現れるんです。

そして、豊かさを感じる感性が乏しければ、彼女のようにたまたま大金を手にしたところで、「豊かだな～」と幸せを感じることもできないし、不安だって消えないのです。

これは自分自身が体験して、本当に身にしみてわかったことですが、「貧乏」とか、「豊かじゃない」というセルフイメージや波動からは、「貧乏」な現実、または「豊かじゃない」現実しか創られないんです。

この世の中、本当に、**自分が普通に感じている感覚、自覚している感覚が現実となります。**

自分がリッチだと思っていれば、リッチな自分にふさわしい現実が起きます。

自分が貧乏だと思っていれば、貧乏な自分にふさわしい現実が起きてしまうのです。

03
「物乞いマインド」が、あなたを貧しくする

近年たくさんの方が、ブログや本の中で、豊かさについて発信していますが、もし、それらを読んでも、現実が変わってないのなら、ここで真剣に考えてみてください。

あなたは、自分を貧乏だと思っていませんか？

そして、それにふさわしい貧乏くさい思考で、貧乏くさい行動をしていませんか？

ここでいう貧乏くさい思考とは、なんでもかんでも「もとを取らなきゃ！」とか、「絶対に損しないようにしなきゃ！」と考えることや、与えることよりももらうこと、それもいかに多くをもらうかばかり考えているような思考、そして、とにかく多くを所有しよう、溜め込もうという思考のことです。

ここで言う貧乏くさい行動とは、これらの思考をもとに、例えばビュッフェで食べ

きれないような量の食事をお皿に盛ったり、ポイントカードを血眼になって貯めたり、お金もケチケチして、出すべきときにしっかり出さない……という行動のことです。

あと、これは私がよくやってしまうことなのですが、つい、「せっかくの休みなんだから遊ばないともったいない！」とか「せっかく旅行に来たんだからいろんなところに行かないと！」などと言って、疲れてヘトヘトになるまで予定を詰め込んで、休みなのにかえって疲れたり、旅行先で体調を崩したりすることがあったりします。我ながら「貧乏くさ〜！　どれだけ時間貧乏なんだろう！」と、ゲンナリするのですが（笑）、こういうのも立派な「貧乏くさい行動」です。

これらが悪いわけではないのですが、もとを取ろう、損したくない、とにかく多くのものを所有したい、貯め込みたいという思考や行動の土台には、少なからず「私にはお金や時間が充分にない」という思いが必ずありますので、やっぱりそれらが「充分にない」現実を体験するハメになります。

さらに、これが一番重要なのですが、「物乞いマインド」で、お金も外に向かって「くれくれ」ばっかり言っていませんか？

前章から出てきているこの「物乞いマインド」。
経済的な豊かさを一番邪魔するものなので、ここで詳しくお伝えしたいと思います。

ここでいう「物乞いマインド」とは、「もらうことしか考えていない」ということであり、愛でもお金でもなんでも、もらうことばかり、ほかから取ることばかり考えて、純粋に与えることができない心のこと。

そして、どんなものを手に入れても、一向に満たされることができない「感性」のことでしたね！

お金に対する「物乞いマインド」の話をするなら、国や会社、家族から、そして、自営業の人ならお客様から、お金をもらうことしか考えていないことになります。

これは、「お金をもらうことを考えているのが悪い」という話ではなくて、「『お金をもらう』という見返りだけが大前提となっていて、『純粋に与える』ということを忘れていないですか？」という話です。

繰り返しになりますが、見返りを期待した行動というのは、とてもエネルギーが小さいので、返ってくるのもとても小さいエネルギーということになります。

それってすごく残念だと思いませんか？

「お金をもらう」ということに気が散っているため、大したものを与えられないからです。その場合、返ってくるのも、大したことないエネルギーになります。

そして、この中でも一番もったいないと私が思うのは、会社などに所属、あるいは在籍して、とりあえず仕事をこなしていればお金はもらえるからと、大して好きな仕事じゃなく、むしろ嫌いな仕事でも、我慢してやっているというような状況です。


ただやれるだけで、または携われるだけで嬉しいような仕事を選べば、自然に仕事自体に集中できるので、それに伴って収入は上がってくるはず。

それに、「お金」「収入」という形じゃなくても、自分が大きなエネルギーを放っていれば大きなエネルギーが返ってくるのに、なんで自分が愛を感じないような場所にわざわざいるんだろうと思うのです。


「私の会社は、仕事を、愛を持ってやろうがやらまいが、お給料は同じです」という人がいますが、**「お金」「収入」って、会社だけからもらうわけではありません。**

宝くじで当たってもいいし、お小遣いとして誰かからもらってもいいし、副業で稼いだっていいわけです。

会社で愛を放出することで、全然違うところから、その愛と同等のものが返ってくることもあるのに、自分にお金をくれる存在を「会社」だけに限定した上に、その返ってくるエネルギーを「お金」だけに限定しているのが、本当にもったいないな〜と感じるのです。

もしかしたら、放った愛は、お金じゃなくて**「もの」**で返ってくるかもしれないし、**「チャンス」**として返ってくるかもしれないし、**「恋人」**として返ってくるかもしれないのに……。

「愛されたければ愛しなさい」というのは、お金に置き換えてもまったく同じで、「お金がほしければ愛しなさい」と、私は思います。

「愛しなさい」とは、「物乞いマインドから離れて、愛を放出するほうにシフトしなさい。もらうことは考えないで、愛を与えることに集中しなさい」ということです。

私は、一応会社を経営していて、ビジネスも大好きなのですが、私の個人的なビジネス感覚から感じることがあります。

それは、自分が愛を感じない会社で、文句を言いながらダラダラと惰性で働いていたり、自己顕示欲を満たすためや、お金を儲けるためだけに起業したりしている人を見ると、「この人一体、なん千万円損してるんだろう？ 違うことをやったらもっと大きなお金になるのに、もったいない‼」と思わずにはいられなくなるのです。

逆に、「明らかにお給料以上の価値を、愛をもって、会社に与えているけれど、私はずっと貧乏だ」とか、「本当に心を込めて仕事をしているけれど、お客様に値切られてばかりで、いつまでたってもお金が回らない」という人がいたら、それはもうその職場を離れるか、そのお客様を手放すときかもしれません。

もし、自分が本当に、「見返りも求めずに愛を込めて、全身全霊で何かの価値を与えている」という間違えようもない自負があるのなら、その場所にい続けて、あなたの価値を正当に評価してくれない会社やお客様を相手にし続けるのは、自分への冒涜であり、単なる自己犠牲だからです。
それは自分が自分の価値をしっかり評価しないことでもあるのです。

ちょっと矛盾しているように聞こえるかもしれませんが、もし私がその状態になっていたら、「もう私はこの場所（立ち位置）の担当をしなくていいということなんだな」「もうその仕事をしなくていいということなんだな」と判断し、そのときの自分が一番喜べる、一番やりたいことは何かを、感覚的に感じて、全身全霊でできることをやりはじめると思います。

ちなみに「全身全霊でやる」とは何も、「一生懸命、がむしゃらに頑張る」ということではなく、**「命の欲求に従いながら、ものすごく喜んでやる！」**という意味です。

仕事は、喜びを感じながら、見返りを求めずにやる

04

「おすがりグッズ」を持っているのに、金運が上がらない理由

ちまたにはたくさんの金運アップ方法があります。
私はこれらが大好きで、金運アップ特集が載っている雑誌や本を目ざとく買い漁り、いろいろと試しました。

でも残念ながら、何を試しても、私の「金運」がよくなることはありませんでした。

今思えば、お金の流れがよくなり、「経済力が本当にアップしたなー」と実感したのは、これらの金運アップアクションを一切やめた頃からでした。

金運アップのためにするどんな方法も、物乞いマインド全開で「これをやるからこの現実くれー！」とやっている限りは、残念ながら、それらの恩恵を受けることはで

きません。

私は物乞いマインド全開で、「これをつけるから、これをやるから、豊かにしてください」とすがっていました。

だからいつまでたっても金運アップなんてするわけがなかったのです。

自分がいろいろやってみて、今とてもよくわかることは、**自分が豊かさを感じていなければ、豊かな現実は起きないということと、「豊かさ」という見返りをゲットするために何をやったって、豊かにはなれないということ。**

そしてこれは究極的な言い方ですが、**「ほしい」という態度を続けている限り、その「ほしい状況」は手に入らない**ということです。

自然発生的に「これがほしい！」と感じるのは命の欲求なので、それをキャッチするのはとっても大切なことなのですが、いつまでも「ほしいほしい」と思い続け、手に入るようにと念じていると、そのうち思考が働きはじめ、思考が優位になり、「全部無限にある自分」、すなわち「命」の自分とリンクできなくなるのです。

そして悲しいことに、そういう金運アップ方法が、私の場合、「私は金運アップが必要なほどに貧乏な人間だ」というアンカリング（思い出すスイッチ）となり、〝貧乏の証〟みたいになっていたのですね。

それを毎日目にしていたわけですから、「私は貧乏」というセルフイメージがどんどん強くなり、貧乏な現実を創り続けていたわけです。

例えば金運アップにいいとされている、「トイレ掃除」など、本当に純粋に、その行動自体にときめき、「素敵だな！」と思って、「それを試したい！　金運アップしようがしまいが！」と思うのなら、それはどんどんやってみてほしいのです。

ですが、そのトイレ掃除をしている時間が、「私は金運アップのためにトイレ掃除をしなければならないくらい豊かではない」という刷り込みになってしまうのなら、完全に逆効果です。

ただ普通に、気持ちよくトイレ掃除をするほうが、何百倍も金運アップするでしょう（笑）。

そして、「やっている人が多いのでは？」と思うのが、「お金の引き寄せ」。

ちゃんと物理的な共振、共鳴の法則を理解しているのなら大丈夫ですが、この法則の意味が本当に腑に落ちていない状態で「お金を引き寄せよう！」などとアクションを起こすと、残念ながら悲惨な結果になります。

どこまで行ってもこの「引き寄せの法則」というのは、「自分が放ったものと同等のエネルギーが引き寄せられる」という法則であって、「放ってもいないものがどこからともなくやってくる」という法則などではありません。

だから、「お金を引き寄せよう！」なんて思った瞬間に「お金を引き寄せなければならないような経済状態」、すなわち「お金がない状態」が現実として現れるのです。

だって、そもそもなぜ「お金を引き寄せよう」と思うのでしょうか？

きっとほとんど、「お金がない」「足りない」と思っているからですよね？

放ったものと同等のエネルギーが共鳴し、現実として現れるわけですから、そのようなエネルギーを放ったのならやっぱり「お金がない」「足りない」という状態が引き寄せられてしまうのです。

この「引き寄せの法則」で本当にお金を引き寄せられるのは、「お金が充分にある」、もしくはお金に限らず「私にはすべてのものが充分にある」「私は充分に豊かである」と本当に感じているときだけ！　ということを忘れないでいてほしいなと思います。

もし、なんらかのアクションを起こすことや、何かを見たり、身につけたりすることで、少しでも「豊かではない自分」や、「貧しさ」、「惨めさ」を感じてしまうのなら、逆効果なので、すぐにやめたほうがいいでしょう。

私は以前、お財布に入れる金運アップのお札を持っていたのですが、物乞いマインド全開で持っていたので、それにすがっている自分が「貧乏くさい」と感じ、神社でお焚き上げしましたし、ポイントカードもほとんど処分しました。

何に豊かさを感じるか、何に貧乏くささや惨めさを感じるかは人それぞれ。
ここでも自分の感覚を大切にし、少しでも豊かさを感じないものは、潔く処分する

ことをおすすめします。

豊かさに関しては、「何をやるか？」よりも、**「何をやめるか？」**のほうがずっと大切です。

「豊かだな」と感じるために、やめられることは何？

05 好きなときに好きなだけ、お金を使えるようになるために

どうやったら、お金が大きく回るようになるのでしょう？

どうやったら、好きなときに好きなだけお金を使えるようになるのでしょう？

この章の最後のまとめとして、リッチな経済状態になるためには、どんな心構えや行動が必要なのかをお伝えしたいと思います。

逆説的になりますが、お金が大きく回るとか、好きなときに好きなだけお金を使えることだけを「リッチ」だと定義しないことです。

その状態だけが「リッチ」だと定義し、認識してしまうと、それ以外の豊かさを感じられなくなって、結果、豊かな現実が起こらなくなるからです。

この本をここまで読んでも、自分がまったく豊かだと思えないのであれば、豊かさを感じる感性が閉じてしまっていると自覚してください。

でも悲観することはありません。

あなたの中のどんな思考が、豊かさを感じなくさせているかを発見すればいいだけだからです。


もしあなたが豊かさを感じられないのであれば、

例えば、

- **月収〇〇万円以上でなければリッチではない。**
- **借金があるから豊かではない。**
- **高級マンションに住んでいなければ豊かではない。**
- **収入の多い人と結婚していなければリッチではない。**

など、自分の中にどんな思い込みがあるのかを挙げてみてほしいのです。

そして客観的に、

「それを持っていたら本当にリッチなの？」

「それを持っている人は本当に豊かで幸せなの？」

と、ひとつひとつ自分に問いかけてみてください。

ほとんどの思い込みがウソだとわかり、それらがなくても、今すぐに豊かさを感じられるということに気がつくでしょう。

次に、ないものだけじゃなく、今あるものもちゃんと見る、あるいは自覚するということが大事です。

「通帳の残高は少ないかもしれないけど、体は健康！」だとか、「小さなアパート暮らしだけど、日当たりが抜群！」とか、豊かさを感じられるアンテナの感度を上げてほしいのです。

繰り返しになりますが、これは、「今ある状態に満足しなさい」という話ではなく、豊かさを感じられる感性がなければ、何億円あったって、「お金がない」というハメになるということです。

豊かさを感じられなければ、豊かな現実を創ることはできない。
豊かな波動がなければ、豊かな現実は創れない。
それを忘れないでいてください。

そして、今あるものに豊かさを感じることはとても大切なことですが、**例えば今の自分の住まいにどうしても豊かさを感じることができず、そこにいるだけで惨めさが込み上げてくるような場所に住んでいるのなら、いっそのこと、引っ越ししてしまってください。**

自分に豊かな環境を提供するというのは、自分自身に「それだけの豊かさを体験する価値があるんだよ！」と自覚させることになるからです。

慎ましい生活は美しいですが、ときめいてないならやめたほうがいいでしょう。

親より豊かになってはいけないという罪悪感や、豊かさそのものに対する罪悪感が土台になってる場合がほとんどだからです。

不安や罪悪感や枯渇感が土台となった行動は、豊かに繁栄していくことはなく、逆にどんどん人生をスケールダウン（退化）させます。

それも知っていてください。

さらに、多くの人が豊かになりたいのは、ただ単にお金という「紙」がほしいのではなく、**「好きなときに、好きなことができる自由」**がほしいというのが本当のところだと思うのです。

もしあなたがそうならば、できる限りでもかまわないので、今すぐに少しでも、「本当に好きなこと」をしてみてください。

実際は、そんなに莫大なお金を持っていなくても、好きなことってできるものです。

アロマでマッサージを受けるとか、会社を休むとか、本当に美味しいものを食べるとか、素敵なホテルのラウンジでお茶をするとか、少しでもいいから好きなことをして

みるとわかるのですが、別に貯金などなくても、とても豊かさを感じられると思います。

起業して、ビジネスを立ち上げるなどと大それたことをしなくても、今、自分がやりたいと思う「小さなこと」をやり続けることで、自分の波動がどんどん豊かになっていきますので、その豊かさにふさわしい現実がどんどん起こるようになっていくでしょう。

自分が「豊かだな～」と感じることを、今すぐやる。

これは「今すぐ自分に豊かさを許可する」ということになります。
これがとっても大切なのです。

最後に、一番強力な方法をお伝えします。

それは、「何かのために何かをやる」のを一切やめるということです。

例えば、

- **お金を稼ぐために仕事をする。**
- **稼ぐために起業や転職をする。**
- **豊かになるために金運アップ方法を試す。**

というように、何かの見返りを期待した行動はパワーが弱く、小さすぎるので、豊かな現実を創れません。

「何かのために何かをやる」のではなく、本当に純度100％の、純粋な「やりたい！」という気持ちでしか行動をしないと決めてみてください。

そうやって行動をすると、自分から本当に大きな愛が放出されますので、まずはそれにびっくりしてほしいと思います。

そして、何も見返りを求めない行動がどれだけパワフルか、どれだけ自分を「無限」にするかをとくと体験してほしいのです。

例えば私は、プロとしてお金をいただいてカウンセリングをする前から、たくさんの人にノーギャラで悩みの相談に乗ってきました。

お金という見返りはもちろん、相談してくる人が「悩みを解決する」という見返りさえも求めることなく、無心で集中し、そのときの自分が出せる100％の力で相手の話を聞き、相手に寄り添っていたんです。

すると、時間を忘れるのですね。

あるときなどは、母親に連れてこられた不登校の中学生の相談に乗っていて、気がついたら8時間もたっていたということがありました。

その中学生の子は、その日以来、学校に通うようになり、とっくにあきらめていた受験勉強に取り組みはじめたそうです。

志望校に合格したという報告をいただいたときは、もう本当に、自分のことのように嬉しかったものです。

私は、日常的にそのようなことばかりしているうちに、いつの間にかカウンセリングの技術を身につけ、精度を上げていて、気がついたら、プロとして、お金をいただいてカウンセリングをできるようになっていたわけです。

そのことに全身全霊で（ものすごい喜びで）集中していたら、お金は本当に、勝手にあとからついてきます!!

ものすごい喜びと共に、やりたいことだけをやる

第4章

リッチな“人間関係”

純度の高い付き合いが、あなたの存在を高める

01 他人に期待して何かをすることをやめてみる

これまでの中で、「とにかく『もらおうとすること』をやめれば、勝手に豊かになっていくよ。だって、豊かさとは、あなたがすでに持っている……というか、あなたそのものでもある『命』のことなのだから。その命の性質と違うこと、つまり、なんでもかんでも『もらおうとすること』を手放していけばいいだけだよ」ということをお伝えしてきました。

では、人間関係についてはどうでしょうか？

リッチな人間関係とは、これもやはり、「相手から何かをもらおうとしていない」という関係です。

愛やお金だけではなく、優しさや気配り、そして「絆」や「つながり」さえも求めていない人間関係です。

わかりやすい例えを出すと、電車の中で誰かに席を譲ろうとしたら、「結構です！」と言われるという場合。

そう言われるのが怖くて、席を譲るかどうかを迷って、ためらってしまう、と聞くことがあります。

自分の親切な申し出を断られて、少しショックを受けるのは、自分の中に少なからず、「自分の親切な心を受け取ってくれるはずだという期待」、また、「『ありがとう』という言葉をもらえるだろうという期待」があり、もっと怖いことを言えば、「譲ったんだから座ってよ」という相手に対するコントロールがあるからなのです。

ありがとうの見返りを求めることなく、本当に純粋に席を譲っていたら、「結構です！」って断られてもショックじゃないし、恥ずかしくもないのです。

「あ、そうですか。失礼しました！」で終わります。

自分が純粋に「譲りたい」と思うなら、それを申し出る。

そのあとのことは、個人の自由。

「あとは、お好きにどうぞ！」なわけですよね？　本当は。

たったそれだけのことなのですが、たったそれだけのことにすら、見返りを期待してしまうのも、悲しいかな、人間の性《さが》なのかもしれません。

他人への何かの発言、行動、その動機が純粋であればあるほど、人は見返りなんかどうでもよくなります。

そしてその純粋な動機から、発言したり、行動するからこそ、それと同じくらい純粋なものが返ってくるのです。

「譲りたいから席を譲る」、ただそれだけ

02 下心ナシの発言・行動とは、こういうもの

人が発言や行動に純度を増していくためには、とにもかくにも「今・ここへの集中」が必要になってきます。

例えば、

- **これを言えば、こういうふうにしてもらえるかな？**
- **これをやったら、こんなことが起きるかな？**

これらの言葉をよく見てください。

何かを言ったりやったりする前に、「こうなったらいいな」という未来へのシミュレーションと期待があり、その現実を起こすために「言う」「やる」という選択をしています。

これが悪いわけではないのですが、シミュレーションをした時点で、意識が「今・

「ここ」から未来に飛んでしまっています。

「今やること」よりも、それによって起こるであろう「結果」に意識が飛ぶのです。

そうなると、「今、ここ」でする発言や行動のエネルギーがガクンと下がります。

違う言い方をするなら、100％の愛で、発言や行動ができなくなるのです。


わかりやすい例を挙げますね。

洋服屋さんに行って、店員さんがその洋服について説明してくれるとします。

「このワンピースは、デザインにこんな思いが込められていて、素材も超こだわって、本当にいいものに仕上がったんです。色は元気に見えるこんな色と、大人っぽく見えるこんな色の御用意がありますよ」


自分のお店のブランドや、その洋服自体に心底惚れ込んでいて、「本当に可愛いから紹介したい！」という思いがある店員さんと、「今月のノルマや売上目標、在庫処分のために1枚でも多く買ってもらわなきゃ！」という思いがある店員さんとでは、同じことを話したとしても、印象がまったく変わらないでしょうか？

その洋服に本当に惚れ込んでいる店員さんからは、「愛」が伝わってくるのですが、なんとかして買ってもらおうとしている店員さんからは「売ろう」としているエネルギーだけが伝わってきたりします。

人との関係もこれとまったく同じです。

人は、愛でもお金でもなんでも、自分から何かを「取ろう」としているエネルギーに対しては、無意識に防御反応が働きます。

「取られる！」と感じるので、無意識に「守らなきゃ！」と身構えるのです。

そして逆に、「与えよう」「与えて自分が満足したい」という、押し売り的なエネルギーにも敏感に反応します。これは純粋な人ほど、豊かな人ほど、敏感です。

昔、「俺の金目当てで寄ってくる女はすぐわかる」と、めちゃめちゃお金持ちの友達が言ってましたが、これは当たり前なのです。

本当に豊かな人というのは、常に何かを与えることを考えている人。

見返りなんて考えていないものです。

だから、何かを「ほしい」「もらおう」とばかりしている物乞いエネルギーはめちゃめちゃ異質に見えてしまい、違和感を感じるのですね。

では、「本当に豊かな人」とは具体的にどういう人なのでしょうか？

ここで少し私の叔母のことをご紹介させてください。

私の叔母は、例えば叔母が着ている洋服を「それ、いいね！」と私が褒めると、「あげるよ」と言ってその場で脱ぎはじめるような気前のいい人です（笑）。

私が進学するときや貧乏時代に、学費や生活費を貸してくれたのですが、300万円は超えていた私の借金記録を、「返さなくていい」と言って捨てていました。

「どんなお金持ちの叔母さんだよ！」と思うかもしれませんね！（笑）

私の叔母はアパート暮らしだし、独身を貫いているので、旦那さんがいるわけでもありません。

今はもう定年しましたが、田舎の大手スーパーの店員でしたので、お給料だって高くなかったと思います。決してものすごい貯金があるわけでもありません。

むしろ叔母が働いてコツコツと貯めていた貯金は、私の父が倒産したときの借金返済や、私の実家の家計が大変だったときの援助、そして私の学費や、私の母が借りていた生活費などで消えたはずです。定年退職後は、わずかな年金で生活していました。

それでも叔母は、「返さなくていい」と、記録を捨てるのです。

最近、ようやく私の経済状態が大きく回りはじめたので、「返させて！」と申し出ることができ、毎月送金させてもらっていますが、叔母はそれをいつも、「本当に助かるよ。ありがとうね」と言います。自分が貸したお金が返ってきているだけなのに。

こんなふうに、純度の高い愛を私や周りの人たちにも放出し続けている私の叔母は、やっぱりみんなに慕われ、愛されているし、何より毎日とっても楽しそうです。

本当に突き詰めて言うなら、**純度の高い発言・行動とは、「取ろう」とか、「（感謝などの見返りを期待しながら）与えよう」などはもちろんのこと、「使命だから」とか、「助けたい」とか、「つながりたい」とかいう「下心」さえもまったくない発言や行動**ということになります。

仕事でも恋愛でも、「それは純度の高いこと？」と確認する

03
「人を助けること」が、いつも「素晴らしい」わけではない

「『助ける』も純粋じゃないの？」とびっくりするかもしれません。
「例えば、セラピストやカウンセラー、医療に関わっている人たち、そして自衛隊など、事故や災害の救助にあたっている人たちはどうなの？　この人たちも下心があってやってるの？」と思うかもしれません。

これは私個人の意見なので、一般的に正しいか間違っているかなんてわからないのですが、**人を「助ける」仕事をしている方々も、自分の仕事に魂を込めて、100％ただやっている。その結果、「助けた」ということになっているだけだと思うのです。**

もちろん人それぞれなので、中には、お金や、自分の実績や経験を積むという見返りのためにしている人もいると思いますが、本当にその仕事を天職として愛していて、

命をかけている人というのは、結果や未来に気を散らしながらやっているわけではない、というか、そのレベルではできないはずです。

例えばオリンピックに出るようなスポーツ選手が、その競技や演技の真っ最中に、「絶対金メダルを取るぞ！」なんて考えているでしょうか？

ウサイン・ボルト選手が走りながら、「金メダル！　金メダル！」なんて、金メダルに気を散らしているとはとても思えなくないですか？

きっと、走ることに全身全霊で集中しているのではないでしょうか？

卓球の福原愛選手はある対談の中で、「勝ちたいという感情ですら邪念」とおっしゃっていましたが、試合中の選手たちは、喉から手が出るほどほしい「勝利」にさえにも気を散らさず、走ることや目の前のボールだけに集中しているのだと思います。

話は戻りますが、例えば、難しい病気の、本当に難しいオペをしている真っ最中のお医者さんは、「このオペが成功すれば、私はこの分野で世界一の権威になれる！だから頑張ろう！」なんて思っていないと思います。

究極的なことを言わせてもらえば「この患者さんを助けなきゃ！」ということや、

「患者さんが助かる」ことにさえ気を散らしていない、散らせないはずです。

ただ目の前の臓器や神経の状態だけに、100％集中していると思うのです。

私も事故にあって、気を失ったまま救急搬送されたことがありますが、多分、私の処置にあたったドクターは、私のことを「救おう」とか「助けよう」とか「かわいそう」なんて、思ってなかったでしょう。

血だらけの私を前に、ただただ目の前の、怪我の状況や処置だけに100％集中して、自分の仕事をやってくださったと思うのです。

「かわいそう」なんて気を散らさずに。

だから、「助けたい」という感情が自分の中に出てきたら、「本当は、助けることで『感謝されたい』だけなのではないか？　自分がその人の『役に立ちたい』、役に立って自分の存在価値を確かめたいだけなのではないか？」、そして、「究極的には自分が助けた結果として、『その人が助かる』というご褒美を期待していないか？」をチェックするといいと思います。

自分がものすごい苦労をして助けたとしても、その人が助からないという場合もあります。それはその人の「命」が決めていることなので、他人がどうこう干渉できることではありません。

それを全部承知の上で、「助けたい！　少しでも役に立ちたい！　**そのあとどうなろうと！**」と思えること、もっと言うなら、考える前に体が勝手に動いている状態のときというのが、本当に純粋な「助けたい」です。

このくらい純粋な動機がない場合だと、例えば人の悩みを聞くときに、「その人の悩みが解消する」というご褒美を相手に求めてしまうので、相手が悩みを解消できず、何も変わらなかったりすると「なんでいくら言ってもわからないの？」「時間の無駄になった」と、相手を責める心が出てきたりします。

あなたの「純粋な動機」は何？

04 そのつながり、本当に今のあなたに必要ですか？

今、世間を見ていると、「つながる」ことに躍起になりすぎていて不自然だなと思うことが多々あります。

SNSもそうですが、「彼氏でも友達でも、とにかくつながっていないと気がすまない。つながりが途切れたように感じると、恐怖さえ感じてしまう」という人も中にはいて、つながりがやがてしがらみになり、疲れている人もいます。

なぜそんなに誰かとつながりたいのでしょうか？

つながっていたいと思うということは多分、「つながっていない」と感じているからだと思います。

すでにつながっている人と、「つながりたい」とは思わないわけですから。

そして、つながりとか絆が一般的にいいものとされているから、それをやらない自分は何かダメな気がするという理由で、つながりを保とうとする人もいます。


これも科学がすでに証明していますが、誰がなんと言おうと、人はみんなすでに、深いところではつながっています。

頭の思考だけが「つながっていない」と思い込んでいるだけ。

まずはそれを知ってほしいなって思います。


私は、人とのつながりは「ご縁」であり、人のエゴにはどうにもできない、人知を超えた領域が動かしている力だと思っています。

だから自分のエゴではなく、命（本質）が必要としているつながりなら、何もしなくても勝手につながっていると思うし、逆に誰かとのつながりが切れるのならば、それは今の自分には必要のない縁なのではないでしょうか。

本当に縁のある人なら、一回切れたとしてもまた必ずつながっていくんです。

人とのつながりを求めるあまりに疲れている人は、人と「つながろう」とするのを一切やめてみるといいでしょう。
本当にラクになります。

つながろうと力まなくても勝手に、自然につながっている。それが「ご縁」であり、本当の「絆」だと思うのです。

「毎日その人がアップするブログやSNSを見張っていなければつながれない」とか、「いつもメールのやり取りをしていないと安心できない」とか、「その集まりに参加しないとなんだか気まずい」みたいなフェイクな絆であれば、さっさと切ってしまったほうがいい。

こういう**中途半端な絆をしっかり全部切ることで、本物の絆が生まれ、残っていくんです。**

フェイクなつながりの中にいると、何が本物の「絆」なのかもわからなくなっていきます。

付き合いのためにと、行きたくもないのに仕方なく誰かの集まりに参加したり、つながっているかを確認しないと不安だからとメールをガンガン送るなどという関係ばかりを続けていくと、いつも、見張り、見張られている状態なので、多分みんなが苦しくなっていくはずです。

友達や、恋人同士、夫婦や子供などの家族関係もそうです。

友達だから、恋人だから、妻だから、親だから、子供だからと、義務感で何かをやるくらいならやらないほうがマシ。

そこに愛がないからです。

純度の低い、フェイクなつながりだからです。

これらを全部やめたときに、やっと、本当の深い愛が自分から出てくることを私は悟りました。

例えば子供に対して、「それが親の務めだから、義務だからやる」。

一見当たり前のことなのだけど、よく考えたら、そんなの愛でもなんでもない。

子供に対して、そんな失礼な話はないと思うのです。

親の義務だから仕方なくやるのを一切やめたら、どんなお世話も、本当に自分がやりたいからやらせてもらっているという感覚になりました。

子供に対して、「義務感で何かをやるくらいならやらないほうがマシ」なんて言うと、「それは虐待じゃないんですか？」とかトンチンカンなことを言う人もいるかもしれませんが、「義務感で何かをやるくらいならやらないほうがマシ」というのは、子供を虐待することにはならないし、むしろその逆で、**子供に本当の愛を与えられるようになる**んです。

例えば、自分がめちゃくちゃ疲れているときに、子供がお腹を空かせて泣いているとします。

このとき、「親の役目だから子供にご飯をあげなきゃ」なんて思いながらご飯を作ると、そのご飯に「しょうがないな〜、面倒くさいな〜」というエネルギーが乗ってしまうのですね。

そして、子供が小さければ食べさせたりもするわけですが、子供って、騒いだりしてちゃんと食べないんですよ。

そうなると本当にイライラしてきて、「はーーーー、面倒くさい‼」となって、しまいには、子供に怒鳴りつけることになったりするんです。

こういうときに、親だからって義務感でご飯をあげようとするのをまずやめてみる。「面倒くさいならあげなくてもいいよ」って、自分自身に言ってあげるんですね。

そうすると何が起こるかというと、大抵は、「そうは言っても、子供がお腹を空かせているのはかわいそう」とか、「ご飯を作るのは確かに面倒くさいけれど、お腹を空かせて泣いている子供を見ているのは嫌だ」という感情が出てきたりします。

そこでさらに、「それでも、嫌ならやらなくてもいいんだよ」と自分に言ってあげると、大体は「いや、子供にご飯を作りたいし、食べさせてあげたい」というふうに変わっていくもの。

「やりたくないこと」や「やらなければならないこと」が、いつの間にか「やりたいこと」に変わり、純粋に、愛をもって自発的に、ご飯を作り、食べさせることができます。

これは自分に置き換えてみればわかりますよね！

彼氏や旦那さんに、「彼氏（夫）の役目だから」と言われてもらうプレゼントと、「ただあげたかったから」と言われてもらうプレゼント。

「ただあげたいからあげる」のほうが、愛を感じるなと思いませんか？

フェイクな関係は、一切、断ち切る

05

会いたいから、その人に会う！
リッチな関係は超シンプル

「あの人に会いたい」
「あの人とお近づきになりたい」
日常の中で、そう思うことがあります。

私自身も「あの人に会いたいな」と思っている素敵な人がたくさんいます。

その中で私がいつも自分に問いかけるのは、**「近づくことで、何かメリットや利益を得ようとしていないか？」**ということです。

その人に会うことで生まれるだろう、なんらかのメリットや利益を求めて会いに行っても、大体は相手にされません。

相手が純粋な人、豊かな人であればあるほど、その貧乏くさい下心が恥ずかしいくらいに透け透けになって、見破られてしまうからです。

「会いたい！」という気持ちが純粋であればあるほど、伝わるでしょう。

ですので、「ただ会いたいから」という気持ちだけで会いに行くといいと思います。

私自身も、誰かから「会いたい」と言われることがありますが、「相談に乗ってほしい」とか、「寂しい」という下心が相手にあると、職業柄か、すぐに察知してしまいます。

そういうことがあると、「『会いたい』じゃなくて、『相談に乗って』ってはっきり言ってくれよ」と思うのです。

だって、ただ楽しく美味しいランチに行きたいという話かと思って行ってみたら、美味しいものを前にしてものすごい重たい話を延々とされるとか、本当に勘弁してほしいと思いませんか？

初めから「相談に乗ってほしいから会いたい」と言ってくれれば、心の準備ができるし、今の自分にはそのパワーがないというときだったら、「違う日にしてくれる？」と頼むこともできるのに。

これはマナー違反だし、時間ドロボーにもなりかねません。

異業種交流会で名刺をばらまいて、無駄にいろんな人とつながりを作っては、名刺の数を自慢する人もいますよね。

でも、相手とつながることで、例えば「ビジネス的な利益を得ることができる」というメリットだけを狙って関係を作ろうとしても、自分が求める以上に、相手にもメリットがなければしっかりした関係は結べないはずです。

相手に何かしらのメリットを求めるなら、自分が相手にもそれ以上のメリットを与えられないと、ビジネスは成り立たないからです。

その人に惚れ込み、メリットがあろうがなかろうが、ただ「会いたい」という純粋な愛があるからこそ、その相手との力強い関係ができて、その中で利益になるような話が出て、発展していくのだと思います。

誰かと会うことやお近づきになることで、何かしらのメリットを期待していませんか？

この下心は純度を下げますよ！

純度が低いのが悪いわけではありません。

だけど、純度の低いものを自分が放ったときに返ってくるものは、純度の低い（愛や豊かさが少ない）現実だということは、忘れないでいてください。

ここで言う「純度の低いもの」というのは、相手から何かしらのメリットをゲットしてやろうという「下心満載のエネルギー」のことです。

このようなエネルギーを放ったときに返ってくるものは、やっぱりあなたからの時間、お金、気遣いを取ろうとする、下心満載のなんとも気持ち悪い現実なのです。

「メリットがありそうだから、つながる」のをやめる

06

「くれくれ人間」にならないように、「くれくれ人間」に関わらないように

もちろん、私の職業柄もあるのでしょうが、人から「答え」や「正解」をほしがる人が本当にたくさんいることに気づかされます。

これはもう驚くほど！

どうやったら恋愛がうまくいくか？
どうやったら結婚できるのか？
どうやったらお金がたくさん稼げるのか？
どうやったらこの悩みが解消するのか？
どうやったら幸せになれるのか？

ありとあらゆる質問を、ブログや講座の中で受けてきた気がしますが、まず言いた

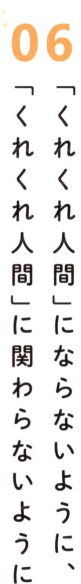

いのは、**「知るか！」**ってことなのです（笑）。

これは意地悪で言ってるんじゃなくて、「その人の恋愛がどうやったらうまくいくか？」とか、「どうやったら結婚できるのか？」とか、「どうやったらお金がたくさん稼げるのか？」とか、「どうやったらこの悩みが解消するのか？」とか、「どうやったら幸せになれるのか？」なんて、**本人にしかわからないことだから。**

そして、そうやって、**答えや正解を外側から得ようとするから、余計に混乱するし、自分の中の本当の答えも見えなくなってしまうのです。**

人間関係の中で、常に何かの答えや正解を求めてくる人がいます。

恋人や旦那さんに対して常に自分がどうすればいいかを聞く人。

お客様に対して常に何がほしいかを聞く人。

自分の生き方や選択が正しいかどうかの答えを、常に人に確認し、求めている人。

これも立派な「くれくれ人間」です。

そういう人は、相手からエネルギーや時間をもらっていることに気づきましょう。

この本は「リッチ」についての本です。
自分の中から、無限の豊かさを溢れさせ、体現できるようになるための本です。
だから、あえて言います。

自分自身に関する何かの「答え」を、人に求めるのをやめてみてください。

外から答えを得ようとするのをやめた途端に、自分の中から答えが出てきますし、何かをもらおうとするのをとことんやめていくことで、豊かになっていきます。
それはこの章のテーマである「人間関係」も例外ではないのです。

とはいえ、人に話すことで頭や心が整理されることもありますし、聞いてもらえるだけで安心するということもありますので、「他人に相談するのが何がなんでもダメ！」ということではもちろんありません。

では、外側に答えを求めずにいても、まったく自分の中から答えが湧いてこなくて、「どうしても誰かに相談したい！」と思うときはどうすればいいのでしょう？

そんなときは、最低でも、「自分はどうしたいの？」「どう感じているの？」ということだけでも自分に問いかけて、その答えが出ている状態で相談してみてください。

誰かに相談し、それを話したら、「じゃあそうすればいいじゃない！」と言ってもらえるかもしれませんし、「そんなの間違ってるよ！」と言われるかもしれません。

みんな、あなたにとっての正しい答えなど知らないので、あなたの話を聞いて率直に思ったことや、何かしらのアドバイスなど、いろいろなことを言うはずです。

大切なのは、それらを鵜呑みにすることではなくて、それを聞いてさらに、「自分がどうしたいか？」「どう感じるのか？」と自分に問いかけ、答えを自分の中から見つけることなのです。

だから人に相談しても、最終的に、「結局は決めるのは自分」だということを、頭の片隅に留めておきましょう。

他人は他人、人生のヒントをもらおうとしない

第 5 章

リッチな“人生”

好きなことだけをして、パワフルに生きる

01

不運、失敗、逆境はすべてネタ！しくじってる人だってカッコイイ

この本も最後の章となりました。

第5章では、この本のまとめとして、「リッチな人生」についてお伝えしたいと思います。

私の思うリッチな人生とはズバリ、**「経験値がハンパない人生」**です。

簡単に言うなら、「人生においてどれだけ『ネタ』が多いか？」です（笑）

お金とか、所有しているものはまったく関係ありません。

私にとっては、**「どれだけいろいろなことを経験し、どれだけいろいろなことを感**

じてきたか？」ということが、人生における「リッチ」の基準です。

だから、人生経験豊富な人や、痛い目にあってしくじりまくってきた人の話を聞くと、「この人は豊かな人生を送っているな〜」と思い、「私も躊躇せず、やりたいことはどんどんやっていこう！」って、元気をもらいます。

どれだけ成功しているかだけじゃなく、「どれだけ失敗しているか？　どれだけしくじったか？」さえもネタになる。いや、むしろ失敗やしくじりのほうがネタになるって知ってましたか？（笑）。

前の章で私が貧乏だった頃の話を書きましたが、私は貧乏のどん底を経験したからこそわかることもあり、こうやって豊かさについての本に書かせていただくこともできているわけです。

もし私が銀の匙をくわえて生まれてきたような人間だったら、貧乏のメカニズムなんて知る由もなかったし、それと同時に豊かさのメカニズムにさえも気がつけなかったと思います。

そして、それらを講座などでレクチャーして、お金をいただくという流れもなかったでしょう。

逆に、ものすごく恵まれた環境で生まれ、何ひとつ苦労なく生きてこられた人にしかわからない感覚や、伝えられないことも絶対にあります。

私にはそれらがわからないので、それをお話しすることができません。

だからどちらかだけが素晴らしいわけではなくて、どちらも素晴らしい経験なのです。

私は「ものすごくお金に苦労する」という経験を通して、たくさんのことを悟りました。

私の目から見ると、多くの人は、自分に悪いことが起こらないように、災いが降りかからないように、できるだけ失敗しないように、逆境をできるだけ避けるように生きているように見えます。

もっと言えば、自分の好きなことや、やりたいことよりも、悩みを解決することや、不運をブロックすることに多くのエネルギーを使っているようにも見えます。

例えば、私のところに来てくださる生徒さんを見ていても、新しく、「本当にやりたかったことをやる！」「自分が本当に望んだ人生を生きる！」と思っても、失敗するのが怖くて、身動きが取れない……ということが往々にしてあるようです。

私はそれを見ていつも、**「あ〜あ、もったいない！」**、**「むしろそれこそが『しくじり』だよ」**って思うのですね。

人生における、一見、不幸、不運、逆境に見えるものは、そのときの本人にとっては「アイタタタ……」となるのですが、実は宝の山なのですよ。

なぜかというと、**誰かの役に立つから**です。

自分の身に起きた一見アンハッピーに見えることを、自分が落ち込んだり、悲しんだりする感情ゲームの材料だけに使えば、それはただの「アンハッピーな出来事」で終わります。

ですが、それを誰かにシェアすることで、誰かにとっての貴重な学びになるかもしれないし、勇気になるかもしれないし、最低でも笑いになるかもしれない。

それを自分の感情ゲームだけに使って、うじうじ落ち込むことや悲しむことに時間を使いまくるなんて、もったいないにもほどがあります。

わかりやすい例え話をするなら、私は小さい頃から「鼻が低い」とか「タラコ唇」と馬鹿にされることが多くて（笑）、自分の顔に強いコンプレックスがありました。

でもそのおかげで、自分を少しでも可愛く見せる研究を重ね、メイクがめちゃくちゃうまくなりました。

さらにそのおかげで、メイクの専門学校も出ていないのに、メイクアップアーティストとして、超有名な方の撮影のお仕事をさせてもらったり、メイクアップ講座を開催できるようになりました。

そのうち、メイクだけでは飽き足らず、「メンタルの部分から女性が美しく楽しく幸せに生きるにはどうすればいいか」などについて、ブログで発信しはじめ、それがのちに大きなセミナーとなり、書籍になって発信されることで、「お金」に変化していきました。

そして今や、そのセミナーでいただく受講料が、日本の被災地への支援となり、スリランカの貧しい地域への3基の井戸建設、幼稚園の建設となり、「貢献」に変化していったのです。

自分の中にあるただの「コンプレックス」が、いずれ、人への「貢献」の道具に変化していく。

もし私が自分の顔に対するコンプレックスを、「だから私はダメなんだ」と、ただ単に自分を責める材料だけに使っていたら、こうはならなかったと思います。

初めはただの「コンプレックス」でしたが、それを自分への愛を持って、特技に昇華させ、それを自分に使うだけじゃなく、外側に発信することで、世界で誰かが少しだけ助かるという流れを作っていったわけです。

自分のことだけを考えていると、失敗が怖くなり、不運が怖くなり、やがて好きなことに集中するよりも、失敗や不運をブロックすることに集中し、それに人生を使いはじめるようになります。

ですが、「どんなことになっても人様に役立ててもらっちゃおう！」とか、「経験値がアップするよね！」とか、「最悪、ネタになるし！」と思っていたら、失敗がただの失敗ではなくなり、大切な宝物となっていくのです。

私もたまに自分の無知によるしくじりや、すごく腹が立った話などをブログでシェアするのですが、読者の方から「私も知らなかったので、その話を聞いておいてよかった」というコメントをいただきます。

また、「ナナさんでもそんなふうに思うことがあるのですね！　なんだか元気が出ました」とか、「笑っちゃいけないけど、笑っちゃいました！」というコメントをいただくと「しくじりがしくじりで終わらなかった」「ネタになった」と、とても嬉しく感じます。

そして自分自身も、自分のしくじりや腹が立つエピソードを「どう書いたら面白おかしく伝えられるかな？」と考えながらシェアすることで、だんだん自分の中でもその物事に対して客観的になり、面白くなってきて、最初に感じていた残念さや怒りがいつの間にか消えていることに驚きます。

どんな経験も豊かさの種になっていき、人への愛に変えていける。それを、自分を責めることだけに使い、腐らせて終わるか、人にシェアして役に立ててもらうかは、全部自分次第です。

自分の中のどんなものでも、「愛」に変えて、惜しみなく放出していけることが、私にとってのリッチな姿勢であり、豊かさでもあります。

今の悩みは、いつか誰かの役に立つ

02 好きなことだけして、自由に生きるために必要な3つのもの

生きていく中で、自分の中から湧いてくる不安や恐怖さえもしっかり受け止めながら、経験値を上げることとやネタを増やすことに集中すれば、怖いものがなくなり、好きなことや、やりたいことをやれる人生になっていきます。

不安や恐怖を見て見ぬ振りしたり、「感じてはいけない」などと抑圧したりしても、何もいいことがないばかりか、私たちが持つ最大の豊かさのひとつである「肉体」を蝕んでいくことにもなりかねません。

不安や恐怖によって分泌される神経伝達物質が原因で、体の細胞が少なからず炎症を起こすからです。

もし不安や恐怖など、世間でネガティブとされている感情が出てきたとしても、

「これを世界のために使っていく！」という覚悟ができていれば、すべてを「ネタ」に、そして「愛」に変えていくことができるでしょう。

だから、惨めさや、嫉妬など、どんなに苦しい感情も、なかったことにしないで、しっかり受け止めて、良いだ悪いだのとジャッジせず、ただ見つめてほしいのです。

あなたが正面切ってその体験に対して、「ウエルカム」な姿勢でいれば、あとあと、同じ苦しみを味わっている人の支えとして役に立つからです。

あなたが豊かで濃厚な「リッチな人生」を送りたければ、森羅万象という大自然からの最大の恩恵である「肉体」というパートナーと、その肉体にダイレクトに影響している「心」は、最も大切にしなければいけないものかもしれません。

この「肉体」がなければ、美味しいものを味わったり、息を呑むような美しい絶景を見たり、芳しい香りをかいだり、心に響く音楽を聞いたり、愛する人の温かさを感じたりすることができないからです。

そしてそれらを美しい、素晴らしいと感じられる感性がなければ、何を見ても、何を聞いても、何に触れても、幸せなんて1ミリも感じられないからです。

人は豊かになって、この五感に感じる「感覚」を味わいたいのではないでしょうか？

自分が求める感覚を味わって、「あ〜、幸せ！」って感じたいのではないでしょうか？

そして、それを感じられることが「豊かさ」なのではないでしょうか？

例えば、あなたに莫大な財産があって、超大豪邸に住み、何千万円もする高級車を何台も所有して、自家用ジェットでバカンスに出かけるような生活があったとします。

でももし、肉体が弱り果てて、心が死んでいて、何も感じられないとしたら、それはリッチとは言えないのではないでしょうか？

あなたは「リッチな人生」に絶対に欠かせないものを、もうすでに与えられているのです。

しかも大したメンテの必要がなく、命はそれらを勝手に、自動的に、今日も維持してくれていますし、太陽や土や水は、今日もあなたが食べるものを育てている。

何度も言うように、もうあなたはすでにリッチなのです。

だから本当は、「○○がないとダメ」「もっともっと！」とほしがってばかりの、キリがないエゴの欲求を聞くのではなく、無限で無尽蔵の豊かさの源であるこの命の欲求に従って生きていくだけでいいのです。

たったそれだけで、この世の豊かさをいくらでも味わえます。

無限の命とつながっていれば、肉体はその無限を体験するしかなくなるからです。

その無限さを制限して寸断する、満たされることを知らない頭の中のエゴ（思考・思い込み）は、どんどん肥大化していくのが特徴です。

その肥大化したエゴは、やがて心や体の感覚を閉じさせ、自然と調和を断ち切り、ムチを打つように肉体を酷使させ、やがて弱らせます。

頭は外からの知識や情報、世間の常識という刷り込みに洗脳されているので、頭ばかり使っていると、人は感覚を見失い、心が「豊かさ」や「幸せ」を感じられなくなってしまいます。

肉体、心、そして命。

リッチな人生を送るためにあなたが大切にしなければいけないものは、お金でもキャリアでも安定でもなく、たったこの3つです。

これを大切にできていないならば、どんな金運アップ法も、どんな知識も、引き寄せの法則も、なんの役にも立ちません。

肉体、心、命を大切にする

03 無限の豊かさとは、「命」…それ以上、何が必要なの？

私は、何か疑問に思うことがあると「なぜこうなの？」「これはどういう意味なの？」と自分に問いかけるのですが、問いかけておくと必ず、街角のポスターや誰かとの会話、そして偶然手に取った本や偶然読んだ誰かのブログの中などから。そしてときにはインスピレーション的に、メッセージとして答えが返ってきます。

私が「豊かさ」について発信しはじめてから、「無限の豊かさとは、命のことであり、この肉体のことだ」というメッセージを何回も受け取りました。

直感的にこのメッセージが降りてきたこともあるし、そのほかにも、たくさんの人の言葉として、そのメッセージを受け取っています。

直感的に降りてきたときのエピソードは、前著『幸運を引き寄せるインナー・プリンセスの魔法』（三笠書房）でご紹介していますが、ここでは、私がリスペクトしている人から発せられた言葉を、ご紹介したいと思います。

ボブ・マーリーという、世界で有名なミュージシャンをご存知でしょうか？

「レゲエミュージックの神様」として、2億5千万枚以上のCDが世界中で売れ、癌によって、36歳という若さで亡くなった今もなお、売れ続けているモンスター級のミュージシャンです。

私はジャマイカを訪れ、彼が生まれ幼い頃に住んでいた家や、大人になってから住んでいた家、そしてレコーディングしていたスタジオにも実際に足を運びました。

そして、彼が使っていたピアノに触れたり、彼のスタジオのレコーディングブースに入れてもらい、彼が使っていたヘッドフォンをして、彼が歌っていたマイクの前に立ったりして、彼が見ていたであろう景色を見ながら、彼のバイブスを思う存分感じてきました。

ボブ・マーリーの魂が感じられるそれらの場所には、現在も毎日、世界中からたくさんの人が訪れ、それに伴うツアーや、ガイドさんの収入、そして入場料として、今日もお金という豊かさを生み続けています。

肉体から離れた今も、彼の魂はお金だけではなく、音楽などを通して、人々に愛と豊かさを与えまくっているのです。

そんな彼のドキュメンタリー映画、「ボブ・マーリー／ルーツ・オブ・レジェンド」の中で、まさに脱帽とも言えるエピソードが紹介されていました。

彼がミュージシャンとして成功し、世界中で活躍しはじめた頃、彼の家の前にはいつも人だかりができたそうです。

その頃のジャマイカはとても貧しく、小さな赤ちゃんを連れた母親や、仕事やチャンスを求める人たちが列をなしていました。

ボブ・マーリーは、そのすべての人に施しをしていました。

それも何かはじめられるほどの、まとまった金額だったそうです。

映画の中で、彼が「豊かさ」についてインタビューされている場面がありました。

インタビュアー「あなたは豊かですか?」
ボブ「〝豊か〟とは?」
インタビュアー「財産は多い?　銀行に大金が?」
ボブ「財産があれば豊かか?　俺の豊かさは違う。俺の豊かさとは永遠の命だ」

そして、同じ頃、ジャマイカでは国の二大政党が対立し、町なかで銃撃戦が起こって、死亡者が出るほど、争いがエスカレートしていたそうです。

その総選挙がある少し前に、当時の首相とともに、彼は無料コンサートを開こうとしていました。その後すぐに選挙があることを知っていればコンサートを開かなかったけれど、それを知らされていませんでした。

彼はハメられたのです。

彼には両党に友達がいて、どちらを支持するでもなく中立な立場を取っていました。

ですが、彼は大スター。国民に対する影響力が大きすぎて、彼が支持すると国民も一緒になって支持するような状態でした。

いちミュージシャンが、国の政治に影響を及ぼすほどの圧倒的な存在感があったのです。政治家たちはそれを気に入らなかったと言います。

彼はそのコンサートの前日に、コンサートを中止させようとしている誰かに撃たれました。怪我はしたものの、奇跡的に命は助かり、翌日、コンサートに出演しました。

前の日に誰かによって狙われ、撃たれた人間が、次の日にステージに上がるなど、普通に考えたら自殺行為なはずです。

でもボブは出ました。８万人もの観客が駆けつけたそうです。

「どっちの党の誰が撃ったのか？」という犯人探しになったときも、彼は誰かを吊るし上げ、責めるようなことはしませんでした。

ただ、ボブが話したのは、**「俺は悪魔の仕業だと思っている。そして神が助けてくれた」**ということだけ。

しかし襲撃によりショックを受けたボブはその後、ジャマイカを出てイングランドに亡命しました。いつ殺されるかわからない状態だったからです。

そしてボブがいなくなったジャマイカの抗争は、どんどん激化していきました。


そんな流れの中でいつしか、ボブ・マーリーをジャマイカに呼び戻し、対立をおさめようという動きが生まれました。政府は「ボブなしではジャマイカはない」と彼に帰国を頼み込んだそうです。

ボブは、対立している二大政党に関わり、抗争の原因になっている両党のギャングのリーダー2人をイングランドに呼び、話し合いました。そして帰国を決めたのです。


帰国して行われた平和のためのコンサートには、3万人もの人が集まりました。

観客席は、政治的に対立していようがいまいが、隣の席に座って同じ音楽を共有している状況だったと言います。

そのコンサートの中で、ボブは、対立している二大政党のトップ2人をステージに上げ、握手させました。

これは、ジャマイカの歴史に残るコンサートになっています。

ジャマイカへの帰国前に、イングランドで「なぜ帰国を決めたのか?」とインタビューされたときの彼のコメントが、私にすべての意味を教えてくれました。


俺の命より、ほかの人々の命が重要だ。

みんなを救ってこそ俺はある。

自分のためだけの命なら俺はいらない。

俺の命は人々のためにある。


この言葉に、ボブのすべての選択や行動、音楽、魂、そしてボブの経済的成功を含む、あれほどまでの豊かさの理由がすべて集約されていると、私は感じました。


命こそ無限の豊かさであり大切なもの。

ボブはそう言いました。

だけど、それほどまでに大切な命を、彼は人々のためにいくらでも差し出すと言うのです。その覚悟がボブにはあったのです。

彼の活躍は死んでもなお、続いています。

誰もが豊かさとして崇め、ほしがっている莫大な財産も、地位も、名誉も、人気も、そして世界中からの愛も、彼はすべて手にしています。

ボブ・マーリーはそれらを求めて得たわけではなく、自分の中の愛のエネルギーを音楽によって大爆発させて放出し、結果的にすべてを手に入れました。

命という無限に従い、命と同じエネルギーである、森羅万象という「自然」と調和して生きれば、物質的な富など、すべてが用意されます。

一般人の私から見たら、到底マネできることではありません。

ですが私は、ボブの生き方をリスペクトし、これからもお手本にしていきたいと思っています。

「自分のすべてを与えられる」、それが究極の豊かさ

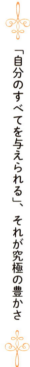

04 刷り込まれたエゴのループをやめ、自分も全体も満たすことをする

命こそが無限の豊かさの象徴であり、それはすでに与えられている。

この章では冒頭からそれを伝えてきました。

そして「命」とは「愛」であるということもすでにお伝えしました。

「リッチな人生を送る」ということは、**「命の欲求に従って生きる」**ということと同じ意味です。

違う言い方をすれば、命の欲求に従って生きることが、リッチな人生を送るということなのです。

どれだけの財産があろうと、人はこの「命の欲求」が発動されていなければ、幸せを感じることができません。

いつまでたってもこの世に肉体を持った理由がわからないので、本当に好きなことや、やりたいことなどもわかりません。

どれだけの物質や財産を、どれだけ手にしても、ありとあらゆるものをゲットし続けても、人はこの命、すなわち自分の「愛」を爆発させ、表現、放出できなければ、魂が震えるような本当の喜びを感じることができません。外側から与えられたものだけでは、命は満足できないのです。

命はすべてを持っているが故に「ほしい」と思わない。
命はすべてを持っているから、自分の中から放出することが命にとっての喜び。
そしてこの無限の豊かさである「命」とは、あなたのことなのです。
肉体が命を持っているわけではありません。
命が肉体を持っているのです。
すでにお伝えしましたが、本当は「命がなくなる」ということはありませんし、逆に「新しく生まれる」ということも、本当は起こりません。
命のエネルギーは循環し続ける永遠のシステムだからです。

常識や情報を刷り込まれ、洗脳されたエゴ（頭の思考）は、ないものをほしがって、それを手に入れたときに、束の間の満足感が得られます。でも、その満足感が薄れてくると「ほしい、ほしい」と言いながら、また新たなものをゲットしようと奔走します。

これはゴールのない「エゴ満たしゲーム」で、絶対に満たされません。

もし今あなたがこのゲームをしているなら、いつまで続けますか？

この終わりのないゲームは死ぬまで続きます。
そして多分、新しい肉体を持っても、さらに続くでしょう。
命に従い、愛を表現することが本当の喜びであり、それこそが豊かさだと気づくまで、永遠に！

どこで気づきますか？
あと何があれば満足ですか？

もし、今、人生に飽き飽きしているなら、毎日を喜んで生きていないのなら、生きているだけで「幸せ！」って言えないのなら、もういいかげん気づくときなのです。

頭の中で永遠にぐるぐる続いている、不安な妄想や取り越し苦労から出て、今に集中し、命を表現しはじめるときなのです。

森羅万象という無限のシステムは、常に全体で繁栄し続け、スパイラルアップし続けようとする力強いエネルギーです。

これを宇宙の流れと呼んでもいいし、神と呼んでもいいし、科学では「ゼロポイント」、仏教では「空《くう》」と呼んだりします。本質や、命と呼んでもかまいません。

とにかく、人知を超えた、人間の頭では理解できないこのエネルギーは、それこそ莫大な力を持っているのです。

私たち人間は、一人で大都市を破壊し再生するだけの量子的エネルギーがあるとされています。

物理学者のリチャード・P・ファインマンによれば、このゼロポイントのエネルギーは、例えるなら、一立方メートルの空間に含まれるエネルギーで、世界中の海を沸騰させることができるとも言われています。

もう科学が証明しているのです。そういう時代なのです。

このエネルギーにとっては、あなたに富を築かせることも、あなたを運命の人に出会わせることも、地球の裏側の人にあなたの商品を売ることも朝飯前です。

そして信じられないかもしれませんが、これがあなたの本質なのです。

「常に全体を栄えさせていく」という性質であるこの自然の流れにとって、「私だけが」というエネルギーはとても異質なものです。

そして、エゴは、この「私だけが」が大得意なのです。

「私だけが人気者になりたい」「私だけがお金持ちになればいい」、逆に、「私だけが不幸だ」と思うのもエゴの特徴です。

だから、無限に豊かに栄え続け、リッチな人生を送るためには、この「エゴ」を手放していかなければなりません。

エネルギーが異質であるために、宇宙があなたを応援できないからです。

前述した「物乞いマインド」も宇宙（自然）にとってはかなり異質なものです。

全体を豊かにしていこう、栄えさせようとしているエネルギーは、もらうことにほど興味がありません。

なので、もらうことばかりを考えている限り、宇宙と同調できないので、この無限の流れに乗ることができません。

命の欲求に集中すれば、結果的に、リッチな人生がついてくる

05 「ギブアンドテイク」ではなく、ギブだけに100%集中する

「では実際に、どうすればいいのか？」というお話で、この章を終わりにしたいと思います。

自然の流れに乗って、リッチな人生を送っていくのに必要なのは、

✳サレンダーする
✳全体のために命を燃やす

この2つです。

順を追って、説明します。

✴サレンダーする

サレンダーとは何かというと、頭で思考するのをやめて、命からのメッセージである「感覚」を大切にすること、エゴを明け渡すこと、エゴの無駄な抵抗をやめること、降参することを言います。

では、何に対して降参し、エゴを明け渡すのでしょうか？
ここまでお読みくださったあなたならもうおわかりかもしれません。

「命」に明け渡し、委ねるのです。
「自然の流れ」に降参するのです。
全体で繁栄しスケールアップ（進化）し続ける、この「秩序」にすべてを明け渡すのです。

エゴが強い人ほど大変かもしれませんが、これができると人生が最高にラクになります。

なぜなら、毎日の中で、何かの選択に迫られたときに「全体（自分も含む）に貢献できるかどうか？」という最高の指針を持つことになるので、迷うことがほとんどなくなるからです。

日常は選択の連続です。

迷っている時間が長ければ長いほどフットワークは重くなります。

「すべてを委ねる」などと言うと、何もコントロールできないような気がして、最初は怖いかもしれません。

ですが実は、「１００％サレンダーしている。流れに身を委ねている」という状態だけが、洗脳され、狂ってしまったエゴから解放されている状態であり、宇宙という自然、つまり神が、完璧にあなたをコントロールしている状態なのです。

そして、自然が完璧にあなたをコントロールする、つまりサレンダーするとは、思考ではなく、「命」が全力であなたをコントロールするということと同じ意味です。

ですから、ぜひ、思考や情報や知識で無駄な抵抗をせず、エゴのコントロールを手放し、すべてを命に明け渡してみてください。

そうすれば、無限の力としっかりつながることができ、無限に栄えていく、本当に豊かな、「リッチな人生」を送ることになるでしょう。

そして次の、

✴全体のために命を燃やす

についてです。

まずは、肉体の中で、今この瞬間も脈々と動いている、この命に対して失礼のないように、命をしっかり大切にしてきましょう。

命を大切にするとは、何も、大切に「守る」ということだけではありません。

しっかり「使う」ということです。

命は守るためにあるのではなく、使うためにあるのです。

使われてこそ燃え、輝くのです。

では何に命を使ったらいいのでしょうか？

自分も含む人類全体のために、そして人類だけじゃなく、すべての生物、そして地球のため宇宙のために、「これをやるからこの現実をくれよ」という、貧乏くさいギ

ブアンドテイクレベルではない、100%の喜びから使ってください！

マザー・テレサや、ボブ・マーリーがお手本になってくれます。

そして、全体に対して、見返りを求めず、100%の喜びで命を使うために、まずは自分が愛で満たされ、喜んでいなければなりません。

自分にないもの、自分が感じていないものは与えることができないのです。

だから自分自身が幸せになっていくことは、全体のためでもあります。

これがわかっていないと、またエゴがしゃしゃり出てきて、「自分だけが幸せになるなんてダメなことだ」とか言い出すのですが、自分のことすら幸せにできないのに、人を幸せにするも、世界を幸せにするもへったくれもありません。

そして自分がまず幸せになるとは、「自分**だけが**幸せになる」こととはまったく違う意味だし、むしろ逆なのです。

だからまずは、自分自身に対する大きな強い愛が必要になります。

自分の中が愛で完全に満たされたら、次は隣の人、家族や大切な人に愛を表現して

いきましょう。

自分にとって大切な人のことも大切にできない人間が、世界も地球もないのです。

そして、自分の大切な人にしっかり愛を放ち、大切にしていけば、その波紋は勝手に世界に向けて広がっていきます。

マザー・テレサが、「愛は家庭から」と言っていたのは、このような意味だと私は思います。

永遠に終わることのないエゴ満たしゲームに飽きたら、次は全体貢献のゲームに命を燃やしていきましょう。

ここでいう「命を燃やす」とは、全身全霊で目の前のことに集中して、めちゃめちゃ喜びながらやるということです。

自分も含む全体に愛を持ち、貢献していく、全体が幸せであるように動いていく。綺麗事に聞こえるかもしれませんが、これをやってのけているものがあります。

それが「大自然」であり、「神」なのです。

自然はいつも、全体を栄えさせるために動いています。

この力に従い、同調しながら、全体のために命を使うと、食べることに困ることなど、まずありません。

肚をくくり、命がけで、全身全霊で本気で生きるようになると、すぐに無限とリンクし、エネルギーが強くなるので、豊かさを実感する出来事が起こります。

ぜひそれを楽しんでください。

エゴから離れ、自然の流れを思考で邪魔するのをやめ、全体のために命を使いはじめれば、「私」という言葉を「全体」という意味で使うようになるでしょう。

そしてあなたは神懸かり、この地球に肉体を持った「女神」として愛と豊かさを放ちながら、同時に、それをしこたま受け取りながら、リッチな人生を送ることになっていくのです。

この本の中で私は、「私が思う豊かさ」について、ひたすらお伝えしてまいりました。お読みになってみて、あなたは今、何を感じているでしょうか？

何よりも大切なのは、これを読んでいる「あなたが思う豊かさ」です。

例えば「ピンク色」と一言で言っても、思い浮かべる「ピンク」は人それぞれ違います。ベビーピンクだったり、マゼンダピンクだったり、「ピンクといえばこの色！」という感覚は、それぞれの感性や個性によって異なるはずなのです。

これと同じように、あなたが思う豊かさは、もしかしたら、私が思う豊かさとは違ったかもしれませんし、あなたにとっては正しいとは思えなかったかもしれません。

この本をここまで読んで、あなたが感じた「豊かさ」はどんなものだったでしょうか？　**あなたにとっての「豊かさ」とはなんですか？**

どうか、その感覚を大切にしてください。そしてあなたにとっての「豊かさ」を、ぜひ全体のために表現しはじめてください。

そのときに初めて、あなたの人生が「リッチ・モード」に切り替わり、あなたという命は、豊かな現実を体験するしかなくなるでしょう。

全体のために命を燃やす「女神」になる

おわりに

「本当に豊かな人生」は、ここからはじまる――

ここまでお読みくださり、本当にありがとうございます。

この本の最後に、どうしてもお伝えしたいことがあるので、書かせていただきたいと思います。

FAO（国連食糧農業機関）の報告によると、今、世界では飢餓が増えているそうです。毎日10万人が餓死しており、5秒に1人10歳未満の子供が餓死しています。4分に1人がビタミンA欠乏症により失明し、10億人が栄養失調にかかっています。

一方で、南米のアマゾンでは、広大な原生林が切り倒され、畑にされています。

その畑で何を作るのでしょう？

実は、ヨーロッパの家畜の餌にする大豆を作っているそうです。

そして、この日本では、世界から、石油という資源を使い、70％近くの食料を輸入しながら、途上国5000万人分の食料を破棄しているのだそうです。

これだけの自然を破壊しながら野菜や小麦、家畜を育て、十分な食べものが供給されているにも関わらず、なぜ餓死する人がいるのでしょう？

おそらく、徹底的に利益を追求し、コストを削減しようとする先進国の巨大企業によるグローバル化など、数え切れない問題が絡み合っているためだと思います。

そして個人的に、消費者が安いものばかりを求めることも、これらの原因のひとつにあるのではないかと私は思っています。

消費者が「少しでも損したくない」と安いものを求めるから、企業は安売りをしなければならない。そして安売りをするために、生産のコストを下げなければならなくなる。その結果、生産に携わる人々の賃金がどんどん安くなり、生活を蝕んでいく。

今、私たちひとりひとりにできることがあるとすれば、「安いから」という理由で買いものをするのをやめ、なぜ安くすることができているのか、その理由と背景を知り、値段に関係なく、本当に長く大切にできるものを選んで買うことだと思います。

私たちが豊かな心で、豊かな現実を生きることは、世界のため、地球のためでもあるのです。

最後に、この本では、命の豊かさ、無限さ、そして森羅万象について書きましたが、本当は、私の言語能力では到底説明できるものではありません。
でも、この本が少しでも、あなたが「命を感じる」きっかけになり、森羅万象という莫大な豊かさがいつもあなたを包み込み、そしてあなたもその一部だということを感じるきっかけになることができたら、著者としてこんなに嬉しいことはありません。

あなたがご自分の人生を「リッチ・モードに変える」という決意をし、手にとってくださったこの本の印税は、地球環境、女性、そして子供達のために、本当に有意義な活動をしていらっしゃる団体に全額寄付させていただきます。

この本を読んだ今日、「本当の豊かさの中で生きる！」というあなたの想いは、物理的にも、世界への貢献に変化します。それを実感していただけたら嬉しいです。

全身全霊の愛を込めて　高橋ナナ

※寄付先は随時、私のブログやホームページでお伝えしていきたいと思います。

愛・お金・仕事
人生《じんせい》が一瞬《いっしゅん》で"リッチ・モード"に変《か》わる本《ほん》

2016年10月31日　初版発行

著　者……高橋《たかはし》ナナ
発行者……大和謙二
発行所……株式会社大和出版
東京都文京区音羽1-26-11　〒112-0013
電話　営業部03-5978-8121／編集部03-5978-8131
http://www.daiwashuppan.com
印刷所／製本所……日経印刷株式会社
装幀者……菊池祐（株式会社ライラック）

ISBN978-4-8047-0526-2